논리적 생각의
핵심 개념들

THINKING FROM A TO Z 3rd edition
© 1996, 2000, 2007 by Nigel Warburton

논리적 생각의 핵심 개념들

초판 1쇄 펴낸날 2020년 4월 20일
초판 3쇄 펴낸날 2023년 2월 20일

지은이 나이절 워버턴
옮긴이 유영범
감수 최훈
펴낸이 이건복
펴낸곳 도서출판 동녘

책임편집 정경윤
편집 구형민 김다정 이지원 김혜윤 홍주은
마케팅 임세현
관리 서숙희 이주원

등록 제311-1980-01호 1980년 3월 25일
주소 (10881) 경기도 파주시 회동길 77-26
전화 영업 031-955-3000 편집 031-955-3005 **전송** 031-955-3009
블로그 www.dongnyok.com **전자우편** editor@dongnyok.com
인쇄·제본 영신사 **라미네이팅** 북웨어 **종이** 한서지업사

ISBN 978-89-7297-952-4 (03170)

논리적 생각의
핵심 개념들

나이절 워버턴 지음 | 유영범 옮김 | 최훈(강원대 교수) 감수

Thinking from A to Z

동녘

추천의 글

간략하면서도 핵심을 찌르는
논리 개념의 모든 것

최훈(강원대 교수)

'전문가'라고 하는 사람들은 전문적인 지식을 충분히 지녔지만, 애석하게도 자신이 아는 것을 대중들이 이해할 수 있게 전달하지 못한다. 반면 대중적인 글쓰기를 하는 사람은 그 분야에 대한 전문적 지식이 없는 독자에게 이해하기 쉽게 설명해주지만, 역시 한계가 있다. 그 논의가 나오는 맥락을 이해하지 못하고 논의에 직접 참여할 만한 지식이 없기 때문에 수박 겉핥기식의 지식만 보여주거나, 심지어 틀린 견해를 설명하기도 한다. 전문가는 대중적인 글을 읽을 시간도 없고 관심도 없기 때문에 그런 잘못을 지적하지도 않는다. 그러니 대중들은 피상적이거나 잘못된 지식을 전문 지식인 양 받아들이고 지적인 충만감에 뿌듯해하는 것이다.

전문성과 대중성을 동시에 갖추기란 이렇게 어렵다. 그런 점에서 이 책을 쓴 나이절 워버턴Nigel Warburton은 보기 드문 철학자다. 영국의 철학자인 그는 이미 한국에도 여러 권의 번역서가 나온 저자다. 주로 대중적인 철학서를 집필하고,

5

철학 팟캐스트인 'Philosophy Bites'를 일찍부터 운영해온 '대중 철학자'다. 그럼에도 그의 저서들은 철학 속 핵심 개념들의 의미와 그 역사를 정확히 꿰뚫고 있다는 점에서 신뢰를 보낼 만하다. 이 책도 마찬가지다.

논쟁에서 이기고 싶어 하는 사람들이 많기 때문에 논리적 사고에 관한 책은 이미 많이 나와 있다. 그러나 이런 책들도 한쪽에서는 논리학에 대한 정확한 이해 없이 단편적인 경험이나 하나 마나 한 소리를 늘어놓고, 다른 한쪽에서는 실생활에 별로 써먹을 수 없는 어려운 논리학 개념들을 나열한 경우가 많다. 논리적 개념을 정확히 이해하도록 하면서 실생활에서도 활용할 수 있는 논리학 책을 찾는다는 것은 쉽지 않은 일이다. 그런 점에서 워버턴의 이 책은 전문성과 신뢰성을 갖춘 동시에 현실 적용성도 높은 책이다. 이 책에 나오는 수많은 항목들은 논리학에서 가르치는 여러 논증들과 오류들이다. 그뿐만 아니라 논리학자들도 미처 주목하지 못했지만 일상생활에서 정말로 쓸모 있게 사용할 수 있는 항목들도 많다. 논쟁에서 이를 이용한다면, 이 책에서 경계하는 '권위에 호소하기'의 오류이거나 '현학'일 우려는 있겠지만, 그래도 자신의 위상이 한껏 달라진 것을 느낄 수 있을 것이다.

물론 많은 논리학 책들이 실제 사례에서 뽑은 논증을 담고 있다. 그러나 번역된 책의 예들은 우리와 살아온 문화가 달라서 그런지, 그런 사례들은 읽고 나서도 어떤 의도로 제시되었는지 이해되지 않는 경우가 많다. 그러나 이 책에 담긴 예들은 그것을 조리 있게 설명하는 지은이의 능력 때문에 무슨 말을 하려는지 금방 이해가 된다. 간략하면서도 핵심을 찌르고 있으며, 재미도 있다. 이 책은 사전 형식으로 되어 있다. 그러니 관심 있는 항목만 골라서 읽어도 되고, 궁금할 때마다 관련 항목을 찾아 참조해도 된다. 논쟁을 잘하고 싶고, 좋은 논증과 나쁜 논증을 구분하는 법을 배우고 싶은 사람은 이 책을 항상 옆에 두면 도움이 될 것이다.

들어가는 글

이 책은 비판적 사고를 위한 입문서로서, 어떤 문제에 대해서든 명확히 사고하는 데 도움이 될 수 있는 기본적인 생각의 도구들을 선보인다. 책에서 다루어지는 주제와 기법은 명확한 사고가 필요한 어떤 영역에서도 적용된다. 즉, 학문적인 언어활동에서는 물론이고, 누군가 결론을 지지하는 이유와 증거를 제시한 상황이라면 직접적으로 적용할 수 있는 것들이다.

책에서 소개되는 항목들은 크게 네 가지로 분류해볼 수 있다. 첫째, **한통속으로 몰아가기** 등과 같이 논쟁 중에 흔히 사용하는 수단을 다루는 항목들이다. 둘째, 은연중에 현혹되기 쉬운 오류에 대한 것들로서 **상호관련성과 인과관계의 혼동**이나 **반 고흐 오류** 등이 여기에 포함된다. 셋째, **가설 배제하기**나 **정치인의 대답**과 같은 설득과 회피의 기술이 있다. 마지막으로, **소망적 사고**처럼 명확한 사고를 방해할 수 있는 심리적 요소를 다루는 항목도 있다. 모든 항목이 이러한 분류에 정확히 맞아떨어지는 것은 아니지만, 대부분은 이런 분류에 따라 구분된다. 각각의 항목은 그 주제에 대한 짧은 설명으로 이루어져 있으며, 예시를 통해 설명되기도 한다. 예시의 활용은 설명된 내용이 구체적으로 어떤 상황에 적용되는지에 대한 독자의 이해를 도울 수 있다. 하지만 그보다 중요하고 어려운 작업이 있다. 바로, 책에 주어진 내용을 실제로 마주하는 상황에 적용하는 일이다.

책에서 재차 강조하듯이, 명확히 사고하기 위해서는 구체적인 상황과 그것이 포함된 맥락에 예민해져야만 한다.

이 책의 사용법

이 책의 내용을 잘 흡수한다고 해서 곧바로 사고능력이 급격히 향상되지는 않을 것이다. 개념들을 실제 상황에 적용할 줄 아는 것이 중요하다. 책을 처음부터 끝까지 쭉 읽을 수도 있고 띄엄띄엄 읽어도 무관하다. 또는 그때그때 필요한 항목을 찾아보는 참고용 서적으로 쓸 수도 있을 것이다. 그러나 가장 좋은 사용법은 먼저 관심이 가는 항목들을 찾아 읽고, 연관된 다른 항목을 점차적으로 읽어나가는 것이 아닐까 한다. 그 과정에서 독자는 주제들의 상호관계에 대한 감각을 키울 수 있을 것이다.

생각하는 사람으로서 갖춰야 할 가장 중요한 자질의 하나는 논증에서 발생하는 다양한 기법을 식별할 줄 아는 것인데, 이런 작업은 기법들 각각의 이름이 있을 때 한결 쉽게 이루어질 것이다. 따라서 책이 다루는 각 주제들은 기억하기 쉬운 이름을 정해서 불렀고, 라틴어 이름은 가급적 피했다(전통적인 라틴어 용어는 우리말 옆에 나란히 썼다). 강조된 단어는 모두 별도의 항목으로 다루어지는 것이며, 항목들은 가나다순으로 나열되어 있다.

2판

2판에서는 다음의 항목들이 추가되었다.

가설, 가족 유사성 용어, 격언에 의한 진실, 규칙을 증명하는 예외, '그건 가치판단입니다', 도미노 효과, 반대, 반례, 비유사성, 소크라테스적 오류, 순환논증, 역설, 오컴의 면도날, 조건문, 캐치-22, 함축하다/추론하다

또한 기존 항목에 대한 참조를 보강하고 '더 읽어보기'도 갱신했다.

3판

3판에서는 다음 항목들이 추가되었다.

감상벽, 교묘한 족제비의 말, '당신은 아니라고 말하겠죠', 매몰비용오류, 변호사의 대답, 우물에 독 풀기, 자비의 원리, 차악의 선택

2판이 출판된 이래로 비판적 사고의 다양한 측면에 대

한 책이 많이 나왔다. 그중에는 뛰어난 책들이 있어서 일부를 추가해 '더 읽어보기'를 갱신했다. 또 변경될 여지는 있지만 유용한 온라인 자료의 목록도 추가했다.

더 읽어보기

비판적으로 생각할 수 있는 바탕을 형성하는 일에 도움을 줄 목적으로 쓰인 책은 무수히 많다. 불행히도, 그중 다수는 저자의 비판적 사고 능력이 지닌 한계가 여실히 드러난다. 그러나 다음의 목록처럼 특기해야 할 예외들이 있다. 다음의 목록은 이 책을 쓰면서 큰 도움을 받은 자료들이다.

- Irving M. Copi and Carl Cohen, *Introduction to Logic*, 10th edition, New Jersy: Prentice Hall, 1998[어빙 코피 외, 《논리학 입문》(제14판), 박만준 외 옮김, 경문사, 2015]. 훌륭한 논리학 교과서다. 폭넓은 예시를 제시하는 한편 명료하고 흥미로우면서도 체계적으로 구성되어 있다. 기본적으로는 형식논리학 입문서지만, 비판적 사고에 도움을 줄 수 있는 내용도 상당하다.
- Alec Fisher, *The Logic of Real Arguments*, Cambridge University Press, 1988.
- Antony Flew, *Thinking about Thinking*, Fontana, 1975.
- Oswald Hanfling, *Uses and Abuses of Argument*, Open University Press, 1978. 방송대학의 교육 과정을 위해 출

판된 책이지만, 외부에서도 접할 수 있을 것이다.

• J. L. Mackie, *The Encyclopedia of Philosophy*, Paul Edwards ed., Macmillan, 1967의 'Fallacies' 항목

• Anne Thomson, *Critical Reasoning*, London: Routledge, 1996(앤 톰슨,《비판적 사고: 실용적 입문》, 최원배 옮김, 서광사, 2012). 생각하는 기술을 개발하는 데 매우 도움이 되는 내용을 담았다. 그 기술들을 윤리적 문제에 적용해보려 한다면 같은 저자의 다른 책 *Critical Reasoning in Ethics*, London: Routledge, 1999(《비판적 사고와 윤리: 실용적 입문》, 이문성 옮김, 서광사, 2009)를 참조할 수 있다.

• R. H. Thouless, *Straight and Crooked Thinking*, revised edn., Pan, 1974.

• Douglas N. Walton, *Informal Logic*, Cambridge University Press, 1989.

• Anthony Weston, *A Rulebook for Arguments*, 2nd edition, Indianapolis: Hackett, 1992(앤서니 웨스턴,《논증의 기술》, 이주명 옮김, 필맥, 2004). 간결한 입문서.

• Jamie Whyte, *Bad Thoughts: A Guide to Clear Thinking*, London: Corvo Books, 2003(제이미 화이트,《나쁜 생각: 논리적이며 비판적인 사고를 위한 안내서》, 유자화 옮김, 오늘의책, 2010). 넘치는 활기로 광범위한 영역을 다루며 읽기에 아주 쉬운 책이다.

더 깊이 알아보려는 독자들에게는 C. L. Hamblin,

Fallacies, Methuen, 1970을 권한다.

온라인에서도 다양한 웹사이트를 통해 비판적 사고와 관련된 내용을 접할 수 있다. 내용이 바뀌거나 사이트가 폐쇄될 수도 있겠지만, 그중 일부를 소개한다. '온라인에서의 비판적 사고'(www.austhink.org/critical)는 사전식으로 구성되어 있으며, 관련 웹사이트 중에서도 집필 당시 가장 유용했던 곳 중의 하나다. 다른 참고할 만한 사이트로는 '오류 파일'(www.fallacyfiles.org)과 '회의론자의 사전'(www.skepdic.com)이 있다. 내 개인 블로그 '가상 철학자'(www.virtualphilosopher.com)에서도 비판적 사고와 관련된 링크들을 제공하고 있으며, 목록을 꾸준히 갱신할 것이다. '나비와 수레바퀴'(www.butterfliesandwheels.org)와 '엣지'(www.edge.org), '예술과 학문'(www.artsandlettersdaily.com)에서는 현시대 여러 사건들에 대한 활발한 논의를 엿볼 수 있다.

만약 철학에 대해 공부하려 한다면, 처음 접하는 독자들에게는 내가 쓴 다음의 책들이 도움이 될 수 있을 것이다. *Philosophy: the Basics*, 4th edition, Abingdon: Routledge, 2004(《철학의 주요문제에 대한 논쟁》, 최희봉 옮김, 간디서원, 2011); *Philosophy: Basic Readings*, 2nd edition, Routledge, 2004; *Philosophy, the Classics*, 3rd edition, Abingdon: Routledge, 2004(《한 권으로 읽는 철학의 고전 27》, 최희봉·박수철 옮김, 지와 사랑, 2011). 또한 *The Basics of Essay Writing*, Routledge, 2006은 명확한 글을 쓰는 데 도움을 줄 수 있을 것이다.

차례

ㅎ

가설 hypothesis
증거나 반례를 통해 확인되거나 반박될 수 있는 진술

가설이 단순한 **언명**과 다른 점은 언제든 사실로 입증되거
나 거짓으로 판명날 수 있다는 점이다. 예를 들어 어떤 심리
학자가 환경적 요인이 직업 선택에 미치는 영향을 조사하면
서, 유전적 요인에 비해 환경적 요인의 영향이 크다는 가설
을 세웠다고 하자. 그렇다면 어렸을 때부터 떨어져 성장한
일란성 쌍둥이들을 조사해 이 가설을 약화할 근거를 찾을
수 있다. 만약 서로 다른 환경에서 자란 일란성 쌍둥이들이
같은 직업군에 종사하는 경향이 상당히 높게 발견되었다
면, 제시된 가설은 약화될 것이고 **임시조항**을 더하는 등의
보강이 필요하게 된다.

살인 사건을 담당한 조사관이 정황을 살핀 후에 가해자
가 면식범이라는 가설을 세운다면 어떨까? 조사관은 피해
자의 지인들이나 친척들을 대상으로 인터뷰를 진행해 그
가설이 옳은지 그른지를 확인할 수 있을 것이다.

가설 배제하기 no hypotheticals move
일어날 법한 일에 대한 곤란한 질문을 회피할 때 사용되는 수사법적 기술

우선, 가설적 상황은 일어날 것이라고 생각할 수 있는 상황을 말한다. 모든 바다와 강이 오염되어 더 이상 어류를 안심하고 먹을 수 없게 되는 가설적 상황을 예로 들어보자. 당장 맞닥뜨린 상황은 아니지만, 결코 발생하지 않을 것이라 장담할 수 있는 상황도 아니다. 분야를 막론하고 앞날에 대한 계획의 대부분은 이러한 가설적 상황에 대한 예측과 그 상황이 실제로 발생하면 어떻게 대처할지에 대한 판단을 준비하면서 수립된다. 예컨대 군사 훈련은 무슨 일이 발생할지에 관한 예측을 근거로 실시된다. 큰 대회를 준비하는 스포츠 코치는 다양한 가설적 상황을 생각한 후 그에 대한 선수들의 대처능력을 향상시키고자 노력하며, 댐을 설계하는 공학자는 강수량과 예상 수위를 둘러싼 가설적 예측을 반영해 계산한다.

한편 이와 관련해, 일부 책임을 져야 할 자리에 있는 사람들은 특정 행동 방침에 대한 공언을 피할 방법을 고안했는데, 바로 가설적 상황에 대한 모든 질문을 상상으로 치부한 뒤 대답할 필요가 없다고 일축하는 것이다. 말인즉슨, 자신들은 가상의 것이 아니라 현실의 세계에 대응해야 한다는 태도로 일관하는 것이다. 즉, 질문이 가설적 상황에 근거했다는 이유 하나만으로 주어진 질문들에 대답하기를 거부하는 것이다. 이런 식으로 가설을 배제하는 조치는 수사

법적 속임수에 불과하다. 물론 설득력이 전혀 없는 가설적 상황에 대한 질문에는 대답하지 않는 것이 나을 수 있다(**※ 사고 실험**).

예를 들어 누군가가 "만약 영국 왕족 전체가 시실리Sicily 마피아의 일원이었다고 한다면 어떻게 하시겠어요?"라고 물어온다면, 대부분은 그 문제를 진지하게 고민할 필요를 느끼지 못할 것이다. 질문 자체가 터무니없기 때문이다. 하지만 "언젠가 정당제가 폐지된다면 의회는 어떻게 변할까요?"라는 질문은 좀 더 현실적이며, 그만큼 답을 생각해볼 만하지 않을까. 이는 실제로도 발생할 수 있는 상황에 대한 물음이고, 언젠가 정말로 정당제가 폐지된다면 자신의 입장에 따라 다양한 행동을 취할 많은 사람들에게 영향을 끼칠 수 있다. 질문이 단지 가설적이라는 이유로 묵살하고 답변할 가치가 없다고 말하는 것은 중요한 문제를 회피하는 손쉬운 사례다.

정치인들은 가설 배제하기를 즐겨 사용하기에 앞서, 모든 정치적 발언들이 이미 다양한 가설적 상황에서 자신의 정당이 어떻게 행동할 것인지에 대해 표현한다는 사실을 유념해야 한다(예를 들어 선거 공약은 선거에서 이긴다는 가설적 상황을 토대로 말하는 것이다). 또한 정책 입안에 대한 준비를 마친 상황에서는, 염두에 두고 준비한 것 이외의 다른 가설적 상황들은 일어날 법하지 않다고 판단한 근거를 제시할 수 있어야 한다(**※ 일관성; 한통속으로 몰아가기**).

가정 assumption
당연하게 생각되어 명시적으로 진술되지는 않은 전제

사실 '가정'이라는 말은 애매하다(※ 애매함). 명시적으로 진술되어 논증의 시작점으로 작동하는 '전제'를 의미할 수도 있기 때문이다(※ 추정). 우리는 의식하지 못하는 순간에도 아주 많은 것을 가정하면서 지낸다. 만약 우리가 어떤 것도 가정하지 않는다면, 무엇인가를 토론할 때마다 판을 짜는 데 엄청난 시간을 쏟고 막상 본론으로 들어가지는 못할 것이다. 공유하고 있는 가정이 많기 때문에 의사소통이 상대적으로 쉬운 것이다. 반면 주제와 관련해 매우 다른 가정들을 지닌 두 사람이 토론을 한다면 혼동과 오해가 생기기 십상이다.

예를 들어 컴퓨터 바이러스의 지위에 대해 토론할 때, 어느 저명한 과학자가 컴퓨터 바이러스는 일반 바이러스처럼 스스로 복제하고 기생한다는 이유를 들어 생물체로 간주할 수 있다는 주장을 펼친다고 하자. 다른 과학자는 컴퓨터 바이러스가 일반 바이러스와 매우 비슷하다는 점을 인정하더라도, 이것만으로는 컴퓨터 바이러스를 살아 있는 유기체로 생각해야 한다는 점을 증명하지 못한다고 지적한다. 일반 바이러스가 스스로 살아 있다는 것은 논쟁의 여지가 있기 때문이다. 첫 번째 과학자는 컴퓨터 바이러스와 일반 바이러스의 강한 유사성(※ 유비논증)을 근거로 주장을 펴고 있다. 그리고 두 번째 과학자는 그 유비가 성립하더라도 도출될 수 있는 **결론**을 공격하고 있다. 두 번째 과학자가 지적하는 바는 첫 번째 과학자가 일반 바이러스가 살아 있는지 아닌지의 문제에 대해 광범위하게 가정하고 있다는 것이다. 첫 번째 과학자의 결론이 보장되려면 일반 바이러스는 살아 있는 유기체라고 말할 수 있어야 한다. 첫 번째 과학자는 논증에서 그 가정을 명료하게 하지 않았고, 오직 컴퓨터 바이러스와 일반 바이러스가 강한 유사성이 있다는 점만 제시했다. 일단 가정이 명료하게 되어야만 그 가정에 대해 토론할 수 있고, 참인지 거짓인지 알아낼 수 있다(※ **생략추리법**). 여기서는 일반 바이러스가 살아 있는 것인지 아닌지를 먼저 다루고, 그것이 규명되면 생물학 바이러스와 컴퓨터 바이러스 사이의 유비가 얼마나 강한지 조사할 수 있다.

당신이 무엇인가를 가정할 때 당신은 '너'와 '나'를 바보로 만드는 짓을 한다는 농담이 있다.[*] 이는 나쁜 말장난일 뿐만 아니라 오해의 소지가 있다. 우리는 많은 상황 속에서 어쩔 수 없이 가정을 하게 된다. 그 가정이 실제로 참이고 그 가정이 무엇인지 우리가 알고 있다고 한다면, 가정하는 것 자체에는 문제될 것이 전혀 없다. 내가 말하고 싶은 것은, 어떤 상황에서는 증거들이 모이기 전에 어떤 가정도 하지 않는 것이 매우 중요하다는 점이다. 이는 모든 가정을 해

---

[*] "'너'와 '나'를 바보로 만드는 짓을 한다"는 영어로 "make an ass out of 'u' and 'me'"다. 이는 '가정하다'를 뜻하는 단어 'assume'을 이용한 말장난이다.

서는 안 된다고 말하는 것과는 다르다. 그것은 불가능한 목표다(※ '어떤'과 '모든'의 혼동).

가족 유사성 용어 family resemblance term
필요충분조건으로 정의될 수 없는 단어나 개념

철학자 루트비히 비트겐슈타인Ludwig Wittgenstein이 만든 말이다. 예를 들어 비트겐슈타인은 모든 게임에 공통되는 본질적 특징을 찾기란 불가능하다고 주장했다. 게임을 게임이게 하는 정해진 특징은 없다는 것이다. 축구, 테니스, 체스, 카드 게임, 올림픽 게임 등 우리가 게임이라고 부르는 다양한 것들을 떠올려보자. 모두가 동시에 공유하면서, 그 이외의 것들로부터 구분되게 만드는 고유한 특징을 찾기가 지극히 어렵다는 사실을 깨닫게 될 것이다. 이 점에 대해 비트겐슈타인은 게임에 대한 보편적이면서 단일한 특징은 없으며, 우리가 게임이라고 부르는 다양한 대상 사이에는 오직 부분적으로 겹치는 닮음이 있을 뿐이라고 생각했다.

'가족 유사성 용어'라는 명칭은, 한 가족의 구성원들은 공유하는 특징은 없지만, 대체로 가족임을 알아볼 수 있을 정도로 비슷하다는 사실에서 따온 것이다. 게임에서도 모든 게임에 있으면서 게임에만 있는 배타적인 특징은 없다. 그러나 규칙이 있다거나 대결을 한다는 등 일부 게임이 공유하는 다수의 특징을 통해 게임이라고 인식될 수 있다는 것이다.

가족 유사성 용어는 **소크라테스적 오류**가 사실은 오류가 아니라고 생각하는 사람들에게 상당히 당혹스러운 존재다. 이 용어는 많은 개념들을 정확히 정의하지 않고서도 이해하고 사용할 수 있다는 것을 보여주기 때문이다. 또한 '예술'이나 '좋은 삶' 등의 개념에 대해 필요충분조건을 제시함으로써 정확한 정의를 제공하려는 시도가 불만족스러울 수밖에 없는 이유도 짐작케 한다. 나아가, 그 개념들이 가족 유사성 개념이라면 그 개념들을 엄밀히 정의 내리려는 온갖 시도는 언제나 무위로 돌아갈 수밖에 없을 것이기 때문이다.

갈지자 행보 zig-zagging

논쟁에서 비판을 막기 위해 주제를 이리저리 옮기는 행위

골대 바꾸기와 매우 유사하고, **정치인의 대답**과도 비슷한 면이 있다. 그러나 '골대 바꾸기'는 토론에서 논점을 바꾸는 것이고, '정치인의 대답'은 단순히 **무관한 것**을 끌어들여 말하는 것인 반면, '갈지자之 행보'는 주제 자체를 넘나드는 행위를 말한다. 대개는 관련된 면이 있는 주제 사이를 오가며, 상대방이 이의를 제기하는 즉시 다른 이야기를 시작하는 방식이다. 어떤 주제에 대해 논의할 때, 상대방이 비판을 제기하기 위한 시간을 충분히 갖기 전에 주제를 바꿔버린다면 상

27

대방은 매우 당황스러울 것이다. 이는 그렇게 비판을 회피함으로써 그 주장이 좀 더 그럴듯해 보이는 효과를 낼 수도 있기 때문에 **수사법**의 일종이라고 할 수 있다. 하지만 그런 효과는 단지 겉모습일 뿐이며, 실은 눈앞의 중요한 논의를 이끌어나갈 지적 역량이 부족할 때 저지르는 행동이다.

예를 들어 강력범죄의 형량에 대한 토론에서 누군가가 형량의 증가는 준법 시민들의 안전에 도움이 되므로 정부는 그런 정책을 시행할 때 정당성을 갖는다고 주장했다 치자. 하지만 상대방이 그런 방법은 범죄율 감소에 기여한다는 경험적 증거가 전혀 없다는 사실을 지적하자, 화자는 "경찰은 총기를 소지할 필요가 있는가?"라는 관련된 다른 주제로 어물쩍 갈지자를 그린다. 이런 갈지자 행보로 논의 주제가 계속 변한다면, 어떤 비판을 해도 그것은 현재 논의되는 주제와 동떨어진 것일 수밖에 없다. 결과적으로 논의에 대한 진지한 몰입을 거의 불가능하게 만든다.

감상벽 sentimentality

대상을 지나치게 이상화한, 상황에 맞지 않는 불필요하고 불균형적이며 부적절한 감정

누군가가 고양이의 귀여움을 절대적인 것인 양 숭배한다거나 자신의 애인을 지나치게 이상화하는 것은 상황에 맞지 않게 불필요하고 불균형적인 감정, 즉 감상벽을 보인 것일

수 있다. 무언가에 대해 과장되고 지나치게 열정 넘치는 반응을 쏟아내는 감상적인 사람들은 (그 고양이가 기생충에 감염되어 있으며 살아 있는 쥐의 내장을 꺼내는 취미가 있다는 것, 애인의 입 냄새가 심하다는 것과 같은) 불편한 진실을 회피하는 기술로서 감상벽에 빠진 것일 수 있다.

감상벽은 대개 미덕이 아니라 잘못된 태도다. 그것은 불편한 진실을 거부하는 수단이기에 비판적 사고의 방해물로 작용한다. 한편 현실보다는 자신이 상상하고 바라는 '사랑스러운 세계'에서 살고 싶은 감상적인 사람들의 **소망적 사고**를 포함하고, 명료한 사고를 방해하는 심리적 기제로 볼 수 있다. 때로는 대상의 실제 모습을 온전히 볼 수 없게 만들며, 세상의 실제 모습보다 자신이 원하는 방식대로 반응하게 하는 일종의 마술적 사고일 수 있다. 오스카 와일드Oscar Wilde는 감상적인 사람들이 "아무런 대가를 치르지 않고 감정의 사치를 누리려는" 사람들이라고 말하기도 했다.

예를 들어 자신의 아이가 다른 아이들에게 폭력을 가한 상황에서, 몇몇 학부모는 그 사실을 단순히 부정해버린다. 그에게 자신의 아이는 순진무구하고 누구에게도 해를 끼칠 리 없는 아주 따뜻한 존재이기 때문이다. 그런 아이가 어떻게 누군가를 괴롭힐 수 있겠는가? 무언가 잘못되었다. 피해 아이들의 상처에는 분명 다른 이유가 있을 것이다. 이런 생각이 바로 자신의 아이가 악의적으로 남을 괴롭힌다는 불쾌한 사실을 피하려는 감상벽적인 반응이다.

거짓말 lying

사실이 아니라고 알거나 믿는 것을 표현하는 것

거짓말은 대부분의 상황에서 비난받는 행위이지만 언제나 아주 널리 행해진다. 어떤 사람들은 거짓말이 절대적으로 잘못된 행위이므로 결과가 확실히 도움을 주는 상황이더라도 결코 정당화될 수 없다고 본다. 이런 관점은 대개 종교적 신념에서 파생된다. 다른 관점으로는 거짓말은 그 결과가 대개 누군가에게 피해를 주기 때문에 잘못되었다는 입장이 있다. 또한 거짓말이 어떤 피해도 낳지 않는 듯 보여도, 드러날 경우 앞으로 의사소통에 대한 신뢰가 무너지므로 어쨌거나 도덕적으로 잘못되었다는 것이다. 예를 들어 누가 별다른 이유 없이 당신에게 나이를 속였다가 그것이 밝혀진다면, 직접적인 피해가 없었다고 해도 당신은 앞으로 그의 사소한 말들을 의심하면서 듣게 될 것이다. 결과적으로 모든 거짓말은 밝혀질 경우 간접적으로나마 피해를 주게 된다는 것이다.

하지만 이런 부정적 결과들이 거짓말로 발생하는 이익들에 비해 사소한 것으로 치부되는 경우들이 아주 가끔 있다. 예를 들면 건강에 심각한 문제가 있는 환자에게 진실을 말했을 때 예상되는 우울증이나 그로 인해 악화가 가속되는 것을 막기 위해서 아직 기회가 있다며 거짓말하는 경우를 생각해보자. 그런 경우라면 거짓말을 할지 말지 선택해야 하는 일 자체가 탐탁지 않겠지만, 거짓말을 하는 게 차라리

낮다고 판단할 수도 있을 것이다(※ 사실 축소).

건전한 논증 sound argument
형식이 타당하면서 전제와 결론이 모두 참인 논증(※ 타당성)

다음은 건전한 논증의 예다.

> 모든 인간은 호모사피엔스 종에 속한다.
> 나는 인간이다.
> 따라서 나는 호모사피엔스 종에 속한다.

그리고 다음은 타당하지만 건전하지 않은 논증이다.

> 모든 캥거루는 곤충류다.
> 콩콩이는 캥거루다.
> 따라서 콩콩이는 곤충류다.

격언에 의한 진실 truth by adage
자신이 직접 생각하지 않고 익숙한 말들에 판단을 맡겨버리는 행위

많은 격언이 진실의 실마리를 담고 있으며, 몇몇은 그 뜻이
정말 심오하다. 그러나 격언이 그 자체로 지식의 완벽한 원

천이라고 믿어서는 안 되며, 격언에 의해 오도될 여지는 분명히 있다. 예를 들어 "늙은 개에게는 새로운 기술을 가르칠 수 없다"라는 말에서 이는 모든 개에게 적용되는 말은 아니며, 당연히 모든 사람에게 그대로 적용될 수도 없다(※ '어떤'과 '모든'의 혼동). 나이가 들어서도 새로운 것을 배우거나 능력을 계발하는 경우는 얼마든지 있다. 그렇다고 세월이 가져오는 변화를 부정하는 것은 아니다. 다만 나이가 들면 새로운 것을 배우기 어려워지는 경향이 모든 사람의 모든 측면에 들어맞지는 않음을 말하는 것이다. 그 말은 나이 든 사람에게는 익숙해진 어떤 방식을 바꾸기가 어려울 수 있다는 정도로 받아들여야 한다. 만약 이 말을 정말로 나이 든 사람은 무언가를 배우기가 불가능하다는 의미로 사용한다면, 이는 사실이 아닐뿐더러 **성급한 일반화**다.

격언이나 고사에 중대한 권위가 있는 듯 대하는 것은 비판적 사고와 거리가 멀다(※ **권위에 의한 진실**). 심오해 보이는 것과 실제로 심오한 것은 다르다. 이를 인정하지 않은 채 논증이 아니라 격언에 의지해 무언가를 주장하는 일은 지양해야 한다. 특정 사안에 대한 구체적 판단을 격언으로부터 구하려는 시도가 만족스러운 결과를 낳기는 어렵다. 흔히 격언에는 오랜 지혜가 담겨 있어 더 이상의 논쟁은 필요치 않다는 어투로 인용되곤 한다. 그러나 토론 중에 격언을 사용하려면 그것이 지금 주제와 어떤 점에서 부합하는지 설명할 수 있어야 한다.

결론 conclusion
논증에서 도달하게 된 주된 판단

이름과 무관하게, 결론이 꼭 마지막에 등장하며 논증을 매듭지어야 하는 것은 아니다. 결론이 먼저 주어지고, 그 뒤에 근거가 제시되면서 결론을 뒷받침할 수도 있다. 다음의 논증은 결론이 처음에 나오는 경우다.

영국의 왕실은 폐지되어야 한다.
그것은 불평등의 상징이다.
그리고 왕실의 결혼 문제는 국민들에게 나쁜 선례가 된다.

그렇지만 이 예시의 결론이 논리적으로 도출되었다고 보려면, 국회의원의 연금제도를 폐지하는 당위에 대해 아직 언급되지 않은 **가정**이 명시되어야 한다. 그 가정은 "불평등의 상징이거나 그 외의 사람들에게 나쁜 선례가 되는 것은 무엇이든 폐지되어야 한다" 등이다.

비판적 사고의 주된 목표 중 하나는, 참된 전제에서 시작된 바른 추론을 근거로 참된 결론에 이르는 일임을 잊지 말아야 한다(**※ 건전한 논증**).

경험적 empirical
경험과 관찰에 의거한

과학적인 조사는 기본적으로 관찰을 근거로 삼아 증거를 확보하고, 이를 통해 특정 가설을 지지하거나 **논박**한다는 점에서 경험적이다. 예를 들어 한 조사자가 특정 수면유도제가 실제로 불면증을 해소하는 데 도움을 주는지 확인하려 한다면 경험적 실험을 실시해야 할 것이다. 조사자는 불면증이 있는 많은 사람에 대해 해당 수면유도제를 복용한 집단과 복용하지 않은 집단으로 나눈 후 수면 패턴을 비교하는 방식 등으로 조사를 진행할 수 있다(※ **귀납법; 일화적 증거; '조사 결과에 따르면 …'**).

고두의 예 kowtowing
정도가 지나치게 공손해 어떤 사람의 생각이나 말을 진리처럼 떠받드는 것

역사 속에는 위대한 사상가들이 수없이 많다. 고두叩頭의 예를 올린다는 것은 자신이 존경하는 누군가에 대해 그가 말한 것은 무엇이든 명백한 진리처럼 떠받드는 경우를 말한다. 특정 주제에 대한 연구에 평생을 바친 권위자나 전문가의 의견에 의탁하는 것은 때로 훌륭한 선택이 될 수 있다(※ **권위에 의한 진실; 만물박사**). 그러나 이런 겸양이 지나치거나 맹목적으로 추종하기 시작하면 비판적 사고를 할 수 없게 된다.

'고두'는 기본적으로 경의를 뜻하며, 절을 해 이마로 땅을 찧는 것을 의미한다.

예를 들어 프리드리히 니체Friedrich Nietzsche가 다방면에 깊은 관심과 지식을 품었던 것이 사실이라 하더라도, 박식하고 존경받는 사상가라는 이유만으로 여성에 대한 그의 발언을 진지하게 받아들이는 것은 그에게 고두의 예를 올리는 격이 된다(그는 여성을 만날 때 회초리를 가져가라고 말했다). 다른 사람의 생각을 무비판적으로 수용하는 태도는 정신의 샘물을 썩게 한다.

골대 바꾸기 shifting the goalposts
토론 중에 주장하는 내용을 바꿔버리는 것

비판을 피하려 할 때 아주 흔히 쓰이는 방법이다. 자신의 입장이 더 이상 지켜질 수 없는 것으로 보이는 즉시, 관련은 있지만 상대적으로 옹호하기 쉬운 쪽으로 입장을 바꾸는 것이다.

예를 들어 누군가가 모든 살인자는 예외 없이 종신형을 선고받아야 한다고 주장했다 치자. 이 경우 '살인자'라는 범주는 아주 막연하며, 그 안에는 정신병이나 불가피한 상황 등의 이유로 당사자에게 전적인 책임을 물을 수 없는 경우도 포함되어 있다는 지적이 뒤따를 것이다. 그러자 상대방이 처음부터 전적인 책임을 물을 수 있는 살인자에 한정해

서 주장했다는 듯이 말을 이어간다면, 이는 주장하는 것
이 바뀌었음을 인정하지 않은 채 은근하게 골대를 바꾼 것
이다.

골대 바꾸기는 처음에 논해지던 것이 정확히 무엇이었
는지 **모호함**이 있을 때 주로 발생한다(**※ 갈지자 행보; 무관
한 것**).

관청용어 gobbledygook

※ 부적절한 은어; 심오한 척; 연막

교묘한 족제비의 말 weasel words

실제로 전하는 것 이상의 의미를 담고 있는 듯 보이도록 교묘히 만들어진 말

족제비는 껍질을 깨지 않고 알의 내용물을 빨아먹을 수 있
다고 한다. 교묘한 족제비의 말을 사용하는 사람들은 이와
유사하게 문장의 외양을 그대로 둔 채로 내용만 빨아먹는
다. 이 용어는 특히 정확하지 않은데, 광고에서 예를 찾기
쉽다.

예를 들어 광고주들이 판매 식품을 '건강에 좋은 것'으
로 홍보하고 싶다면, 식품의 무엇이 어떻게 건강에 도움을
주는지 정확한 정보를 제공해야 한다. 그렇지 않고 '건강에

좋은'이라고만 한다면 이는 단지 **수사법**으로, 의미 없이 교묘한 족제비의 말이다.

구문론적 애매함 syntactical ambiguity
※ 애매함

권위 authority
※ 고두의 예; 권위에 의한 진실; 만물박사

권위에 의한 진실 truth by authority
해당 분야의 이른바 권위자가 무엇을 사실이라고 했다는 이유로 그 말을 사실로 대하는 것

다양한 범위의 문제들에 대한 설명을 권위자에게 미루는 것은 제법 합리적인 선택이다. 모든 분야에 대해 전문가가 되기에 인생은 너무 짧고, 지적인 영역은 너무 넓기 때문이다. 지적 작업들에 분담이 발생한 만큼, 문제에 대한 자신의 의견이나 지식에 자신이 없을 때는 관련된 전문가의 관점을 찾아보는 것이 합당하다.

예를 들어 다리가 부러졌을 때, 어떻게 치료하면 가장 좋을지 막연하게 생각할 수 있다. 하지만 내 질병에 대해 알지도 못하면서 직감에만 의존하기보다는 해당 분야의 전문가로서 의학을 오래 공부해왔고, 다양한 증상들에 대한 경험이 있는 의사를 찾아가는 편이 좀 더 효과적일 것이다. 의사는 내 다리뼈가 정말로 부러졌는지 아니면 단순히 멍이 심하게 들었을 뿐인지 진단할 것이고, 석고 붕대가 필요한지 그냥 다리를 쉬게 두면 되는지 등을 판단할 것이다. 하지만 이는 단지 의사의 권위에 호소해 그가 내린 진단이 참이리라고 말하는 것이 아니다. 그가 내린 결론에는 의사라면 누구나 평가도 할 수 있고 이의도 제기할 수 있는 의학적 지식을 바탕으로 삼는 추론이 근거가 되었으리라고 생각하는 것이다. 법적 문제가 생겼을 때 자신의 판단을 확신할 만한 지식이 없다면 변호사의 의견을 받아들이는 게 좋듯이, 관련된 의학 지식이 없다면 의사의 권위에 의지하는 것이 좋다.

우리는 전문적인 지식이 필요한 상황에 처할 때, 해당 문제와 관련된 교육이나 경험을 거치고 전문가 집단의 감독을 받는 사람, 즉 전문가의 도움을 받으려 한다. 이러한 사실들을 통해 그들의 판단이 믿을 만하다고 여기는 것이다. 그러나 이런 경우에도 의심의 여지를 둘 필요는 있다. 의사나 변호사가 언제나 의견이 같은 것은 아니기 때문이다. 그들이 거짓 **전제**나 잘못된 추론, **기득권**을 적용하고 있다는 의심이 들었을 때는 차선책을 탐색하는 것도 좋다.

　　반면 전문가에게 판단을 미루는 행위가 전적으로 잘못된 경우도 있다(※ **고두의 예**). 한 분야의 전문가가 자신의 분야가 아닌 문제에 대해 취한 관점을 신뢰할 만한 것으로 여기는 일은, 심리적으로는 의외로 자주 발생하는 경향이지만 상당히 위험하다. 예를 들어 노벨물리학상 수상자가 도덕의 쇠퇴에 대해 말한 것을 진지하게 받아들이는 경우를 생각해볼 수 있다(※ **만물박사**). 또한 전문가들 사이에 전혀 합의가 이루어지지 않은 논쟁적 문제에서 진리를 찾으려고 할 때 전문가에 의존하는 것은 부적절하다. 특히 정치나 철학에는 그런 문제가 수없이 많다. 따라서 유명한 정치학자나 철학자의 말을 인용하는 목적이 어떤 관점을 진리라고 할 수 있는 증거를 찾기 위해서라면, 이는 웃음거리가 되기 쉽다. 논쟁적인 사안일수록, 특정 관점에 반대되는 주장을 펴는 권위자들이 수없이 많을 것이다.

　　몇몇 철학자들은 20세기의 유명한 철학자 비트겐슈타인이 어떤 관점을 지지했다는 사실을 제시하는 것만으로 그 관점이 사실임을 증명하는 데 충분하다고 생각한 것처럼 보인다. 그렇지만 비트겐슈타인이 무언가를 사실이라고 믿었다고 해서 그것이 사실이라는 결론을 내릴 수는 없다(※ **비논리적인 '그러므로'와 비논리적인 '따라서'**). 주장된 것의 사실성을 평가하려면 그 주장의 근거와 반대 입장의 근거를 검토해봐야 한다. 철학자의 권위를 이용하는 것은 의사의 권위를 이용하는 것과는 다르다. 철학에서는 의학과 달리 전문가들 사이에서 거의 모든 관점이 팽팽하게 대립하기 때

39

문이다.

　전문가의 의견을 대할 때는 거기에 얼마나 무게를 실어 줄 것인가의 문제도 아주 중요하다. 명심할 것은 해당 분야의 의심할 여지없는 전문가라고 해도, 여전히 실수를 할 수는 있다는 점이다. 특히 그가 내세운 주장의 근거가 결정적인 것이 아닐 때는 동료 전문가들의 지지를 얻지 못할 수도 있다. 또한 이미 언급한 바와 같이, 전문가란 꽤나 좁은 범위에서만 전문가이기 때문에 그들이 자신의 전문 분야에 대해서 한 말과, 그 밖의 분야에 대해 한 말은 다른 무게로 다루어져야 한다.

권위에 호소하기 appeals to authority
※ 권위에 의한 진실

궤변 sophistry
바람직한 논증의 원리들을 무시한 채 엉터리 논증으로 말도 안 되는 결론을 도출하며 그 교묘한 솜씨를 자랑으로 삼는 것

이는 **비형식적 오류**나 **선결문제 요구의 오류**, **수사법**, **순환논증**, **심오한 척**, **애매함의 오류**, **형식적 오류** 등의 수상쩍은 기법 전부를 포괄할 수 있는 용어다. 다음은 궤변이다.

소피스트: 이 고양이는 당신의 어머니입니다.

고양이 주인: 말도 안 돼요. 이 고양이가 어떻게 내 어머니가 될 수 있죠?

소피스트: 우선, 당신은 이 고양이가 당신의 고양이임을 인정할 겁니다.

고양이 주인: 물론이죠.

소피스트: 그리고 이 고양이는 어머니 고양이이죠.

고양이 주인: 그렇습니다.

소피스트: 따라서 이 고양이는 당신의 어머니입니다.

이 예에서는 소피스트의 결론이 잘못되었다는 사실과, 그러한 결론이 주어진 전제들로부터 도출되지 않는 사실을 비교적 쉽게 확인할 수 있다. 하지만 추론이 복잡하게 얽혀 있는 경우에 궤변은 좀 더 은밀해지고, 따라서 훨씬 해로운 영향을 끼친다.

'소피스트sophist'란 논쟁에서 이기는 것만을 목적으로 삼고, 동원할 수 있는 모든 방법을 연구하며 가르쳤다고 하는 고대 그리스의 사람들이다. 그들의 교육은 진리를 찾는 방법보다 언변과 처세술에 초점이 맞춰져 있었다고 한다. 소피스트들은 뻔뻔한 자들이었다는 말을 들어왔지만 그게 사실이든 아니든 간에 소피스트, 즉 궤변론자라는 말은 현재 경멸적인 투로 사용된다. 주로 주장하는 사람 본인이 논증의 문제점을 잘 알고 있으면서도 그것을 통해 상대방을 기만하는 사람을 지칭한다.

귀납법 induction

참인 전제가 결론을 믿을 만한 좋은 근거를 제시하지만, 도달된 결론이 반드시 참이라고 확신할 수는 없는 추론 방법

귀납법의 전형은 다수의 **경험적** 관찰로부터 일반화를 만들어내는 것이다. 이때 다수의 관찰에 대한 전제들이 참이라면 결론은 개연성이 매우 높겠지만, 그래도 반드시 참이 되는 것은 아니다. 이런 점에서 귀납법은 **연역법**과 비교된다. 참인 전제를 지닌 연역 논증, 즉 **건전한 논증**은 그 결론에 확실성을 제공한다. 만약 전제들이 모두 참이면 결론도 반드시 참인 것이다. 그러나 귀납 논증은 그렇지 못한데, 참인 전제로부터 좋은 논증을 펼쳐도 결론이 참일 개연성을 높여주는 정도다. 따라서 좋은 귀납 논증이란 그 결론이 참일 높은 개연성을 주는 것이다. 귀납 논증이 결론에 제공하는 개연성은 언제나 확실성을 결여한다. 귀납 논증은, 적어도 연역 논증이 타당하다는 의미에서는 결코 타당한 것이 될 수 없다(**※ 타당성**). 귀납적인 일반화를 지지하는 데 필요한 증거의 양과 종류는 상황과 문맥에 따라 상이하다.

수많은 장미를 관찰할 때, 모든 장미에서 강한 향이 났다고 상상해보자. 당신은 그 관찰 결과에 기초해서 모든 장미는 강한 향을 낸다는 결론을 내릴 수 있다. 이는 귀납적 추론이다. 이는 또한 **유비논증**의 방식을 따른다. 관찰된 모든 장미는 어떤 측면(강한 향이 난다는 점)에서 비슷했고, 그런 측면에서 다른 모든 장미도 비슷하리라는 것이 당신의 결

론이기 때문이다. 하지만 당신의 귀납적 일반화는 거짓으로 판명 날 여지가 있다. 장미들에 대한 당신의 관찰이 아무리 정확해도, 그 결과가 모든 장미에 대해서도 참일 것이라 보증하지는 못한다. **반례**에 의해 약화되기 전까지 결론을 믿을 좋은 근거를 주는 식으로만 지지할 뿐이다. 공교롭게도 일반적인 인간의 후각으로는 그 향을 감지할 수 없는 장미가 있을 수도 있다. 그렇다면 그 일반화는 지지하는 증거들이 아무리 훌륭하더라도 거짓이라 할 수밖에 없다.

이는 추론의 형태로서 귀납법을 폄하하는 게 아니다. 우리는 일상의 매 순간 귀납법에 의지해야 한다. 과거를 근거로 미래를 예측하는 모든 행위는 귀납법에 기초한다. 물을 마시면 갈증이 해소될 것이라는 예측은, 지금까지 그래왔음을 근거로 삼는다. 우리는 내일도 오늘처럼 해가 뜨리라고 확신에 찬 예상을 하며, 이는 살아온 매일이 그래왔기 때문이다. 그렇지만 앞서 언급했듯이 귀납 논증은 결론을 아주 개연적으로 만드는 것 이상은 할 수 없다.

귀류법 reductio ad absurdum
명제가 참임을 간접적으로 증명하는 방식

귀류법은 서로 관련이 있는 두 가지 다른 의미가 있다. 첫째는 논리학에서 쓰이는 전문적인 의미로, 논증을 위해 어떤 명제를 거짓이라고 추정했을 때(※ **추정**) 모순에 이른다는 것을 보임으로써 원래 명제가 참임을 증명하는 방식이다. 일상적인 논증에서 많이 행해지는 기술은 아니기에 자연스럽지 못한 예를 억지로 보여주는 것은 의미가 없다.

귀류법의 두 번째 의미가 일상에서 한층 많이 사용되고 한층 더 유용한 기술인데, 무엇이 사실일 때 도출되는 터무니없는 결과를 지적해 상대의 입장을 논박하는 것이다. 예를 들어 누군가가 성별을 근거로 대우를 달리하는 모든 행위가 도덕적으로 잘못되었다고 주장한다면, 그럴 경우 수영장에서 성별에 따라 탈의실을 구분하는 행위가 도덕적으로 잘못된 것이라는 결론에 이르게 된다고 지적할 수 있다. 남성 탈의실에는 여성의 입장을, 여성 탈의실에는 남성의 입장을 금지하고 있기 때문이다. 이는 성별을 근거로 대우를 달리하는 모든 행위가 도덕적으로 잘못되었다는 주장을 반박하기 위해서 그것이 받아들여질 경우 직관적으로 터무니없는 결과가 발생한다고 지적한 것이다(※ **터무니없는 결과 유도하기**).

규칙을 증명하는 예외 exception that proves the rule
일반화가 참인지 검증하는 하나의 반례

이 문맥에서는 '증명'이라는 말에 유의할 필요가 있다. 현재의 문맥에서 이는 '시험하다'를 뜻한다. '증명하다'의 고색창연한 의미다. 유감스럽게도 '증명하다'는 흔히 '확인하다' 또

는 '입증하다'와 비슷하게 쓰이므로 이 표현을 '반례의 존재
는 그 일반화가 참임을 보여준다'는 뜻으로 받아들인다. 그
러나 이런 사용에 문제가 있다는 사실은 조금만 생각해보
면 알 수 있다. 반례의 존재는 일반화를 입증하는 것이 아
니라 위협하는 것이다.

예를 들어 어떤 나무의 잎이 검은색이라면 "모든 나무의
잎은 녹색이거나 붉은색이다"라는 일반화의 예외가 된다.
이로써 일반화에 대한 반례가 제시되는 것이다. 즉, 이 예외
는 '증명하다'라는 말의 적절한 의미로서 "모든 나무의 잎은
녹색이거나 붉은색이다"라는 규칙을 증명하는 가운데 이것
이 **잘못된 이분법**임을 보여줌으로써 그 규칙을 시험해보고
결함을 밝혀내는 것이다. 하지만 '규칙을 증명하는 예외'라
는 말을 일종의 **격언에 의한 진실**의 원리를 적용해 사용한다
면, 잎이 검은 나무의 존재는 그 일반화를 더욱 확고히 한다
고 생각할 수 있다. 때로 이 말은 이런 혼동을 주는 방식으
로 사용되곤 하지만, 이와 같은 결론을 내리는 것은 물론
터무니없는 일이다.

'규칙을 증명하는 예외'의 다른 해석은 "주어진 예외가
예외라는 사실은, 규칙이 일반적으로는 통한다는 사실을
보여준다"라는 것이다. 예를 들어 "사이시옷은 순우리말의
합성어나 순우리말과 한자어의 합성어에서 발생한다"라고
한다면, 이는 한자어 안에서 발생하는 사이시옷이라는 반
례로 논박된다. '횟수回數'라는 단어는 그중 하나다. 그러나
재차 말하지만, 조금만 생각해도 예외는 규칙을 강화하는

45

것이 아니라 약화한다는 것을 알 수 있다. 이런 반례가 발견될 때 규칙을 제대로 유지하기 위해서는 **임시조항**을 덧붙일 필요가 있다.•

'그건 가치판단입니다' 'That's a value judgement'

상대방이 직전에 말한 문장에 대한 녹다운 논증인 것처럼 종종 잘못 받아들여지는 문장

이 말이 논쟁을 종결시킬 목적으로 던져졌다면, 화자는 대개 이유를 명시하지 않고서 합리적인 논증에서는 가치판단이 결코 이루어지면 안 된다는 가정을 하고 있는 것이다.

예를 들어 교과서에 어떤 작가의 작품이 실려야 하는지 논할 때 한 교사가 "〈리어왕〉은 훌륭한 희곡인 만큼 교과서에 실려야 한다"라는 말을 했다고 치자. 그럼 다른 누군가는 "그건 가치판단이에요"라고 말할 것이다. 그런데 여기서 '훌륭한 희곡'이라는 표현을 사용한 사람이 가치판단을 만든 것은 맞지만, 오히려 그것이야말로 문장의 핵심이다. 그 자신 또한 가치판단을 하고 있음을 분명히 자각했을 것이다. 만약 지적한 사람이 그러한 가치판단은 잘못되었다고 말하려는 것이라면, 그 증거를 함께 제시해야 할 책임이 있

• 사이시옷에 대한 현행 한글 맞춤법 제30항의 세 번째 항목은 "두 음절로 된 다음 한자어: 곳간, 셋방, 숫자, 찻간, 툇간, 횟수"다. 여기에는 특별한 규칙이 제시되지 않으며, 단순하게 단어들이 나열되어 있다. 이 여섯 단어가 임시조항 격이다.

다. 단순하게 그것이 판단이라고 말하는 것만으로는 그 판단을 논박할 수도 없고, 대부분의 경우에는 일고의 가치도 없다고 배제해버릴 근거가 될 수도 없다. 마찬가지로 〈리어 왕〉을 '훌륭한 희곡'이라고 칭한 사람 역시, 그 관점을 뒷받침할 근거를 제시할 필요가 있다.

가치판단을 하면 안 된다는 입장을 지지하기란 생각보다 어렵다. 가치판단은 우리가 살면서 논쟁거리로 삼게 되는 거의 모든 것에 스며 있으며, 우리는 무언가를 말하는 거의 매 순간에 가치판단을 함축한다. 가치판단을 그 자체로 허용할 수 없는 것으로 보려는 시도는 정당화하기가 매우 어렵다. 또한 "그건 가치판단이야"라고 말하는 것은 그 자체가 가치판단일 수도 있다. 그 말인즉슨 "그건 가치판단을 내리는 것이라 쓸모없어"라는 의미로 사용되곤 하기 때문이다. 무언가를 쓸모없는 것으로 간주하는 일은 말할 것도 없이 하나의 가치판단이므로 자기모순이 된다.

'그건 내게 어떤 해도 끼치지 않았습니다'
'It never did me any harm'

자신이 했을 때는 아무 문제가 없었음을 근거 삼아 나쁜 관행을 변호하는 것으로, 흔하게 발생하며 상대를 자극하기 쉬운 유형의 성급한 일반화

이 말에 함축된 논증은 다음과 같다.

당신은 어떤 관행이 위험하다는 이유에서 그것이 허용되

47

어서는 안 된다고 주장하고 있다.

나는 그것을 겪었지만 중대한 위해가 전혀 없었다.

그러므로 당신이 그 관행을 폄하하는 것은 근거가 부족
하다.

예를 들어 한 학부모가 자기 아들이 학교에서 체벌을 받은
일에 문제를 제기하자, 교장이 자신도 학생 때 매를 맞았지
만 문제가 되지는 않았다고 응답하는 것이다. 이때 교장의
논증이 **일화적 증거**나 단일 사례로부터의 일반화라는 사실
을 차치하고라도, 그는 학부모가 체벌이라는 관행에 반대하
는 이유를 잘못 파악한 것이다. 체벌은 일반적으로 아이들
에게 큰 심리적 상처를 준다는 주장과 아무 문제가 생기지
않은 몇몇 체벌의 사례가 있다는 주장은 완전히 양립 가능
하다. 모든 체벌이 심각한 문제를 낳는다고 확실시되어야만
그것에 반대할 수 있는 것은 아니다. 학교 체벌에 반대하는
이유는, 대부분의 체벌이 심리적 상처를 줄 수 있으며, 때로
는 신체적으로도 큰 상처를 줄 수 있다는 사실에 있다. 누
군가가 학창시절에 매를 맞았고 그래도 멀쩡했다는 사실로
는 체벌이라는 관행을 정당화할 수 없다. 극단적인 경우, 이
런 형식의 주장들은 도덕적으로 문제가 있는 **소망적 사고**의
버팀목이 되기도 한다.

이런 주장은 또 다른 방식으로 소망적 사고를 포함할 수
도 있다. "그건 내게 어떤 해도 끼치지 않았습니다"라는 말
자체가 거짓인 경우다. 때로 괜찮다는 식으로 이런 말을 너

무 자주 하는 사람들이 있다. 피해를 입지 않았다는 것에 대한 반복적인 진술은, 심리학적으로 볼 때 오히려 그 반대의 경우를 의심하게 한다. 피해를 입었지만 어떠한 이유에서든 인정하고 싶지 않은 것이다. 다른 경우에는 자신이 어떤 고난을 겪었으니 남들도 똑같이 겪어야 한다는 생각이 깔려 있기도 하다. 예를 들어 군복무를 마친 한 남성이 자신은 거기서 어떤 해도 입지 않았음을 강조하며 다른 사람들에게 군복무의 가치에 대해 설교한다면, 실제 마음속에는 '나도 그걸 겪었는데, 네가 그걸 겪지 말아야 할 이유를 모르겠어'라는 생각이 있을 수도 있다.

'그건 오류입니다' 'That's a fallacy'

누군가의 오류를 무책임하게 지적하는 계책(※ 비형식적 오류; 형식적 오류)

악의적으로 사용될 때는 **수사법**이 된다. 만약 어떤 화자가 입장을 자신 있게 개진했을 때, 상대방이 그건 많은 오류가 있다는 말로 일축해버린다면, 화자는 그렇지 않음을 증명할 수가 없으므로 한발 물러서고 싶을지도 모른다. 그러나 오류를 저지른다고 말하는 사람에게는 왜 오류인지 말할 책임이 있다. 다른 사람의 오류를 언급할 때는 그 지적이 모호한 것이 되지 않도록, 어떤 부분이 왜 문제인지 같이 밝혀주어야 한다(※ **모호함**). 또한 '오류'라는 말만으로는 부당한 추론을 말할 수도, 믿을 만하지 않은 논증 형식을 말할 수도 있다는 **애매함**이 있어서 상황은 조금 더 복잡하다. 또한 "나는 그 마지막 말에 동의하지 않아"의 의미로 오류라는 말을 사용하기도 한다. 이 마지막 사용은 분명하게 구분되어야 하는 것의 경계, 즉 '잘못이라고 여겨지는 진술'과 '오류인 논증 형식'의 경계를 흐려놓는 행위이기에 사용을 피해야 한다.

오류를 범했다는 지적을 받았을 때 상대방에게 맞서기 위한 첫 단계는 어떤 오류인지 설명을 요구하는 것이다.

그러므로 therefore

※ 비논리적인 '그러므로'와 비논리적인 '따라서'; 설득하는 말

기득권 vested interest

논의되는 문제가 특정 결론에 도달할 때 개인적으로 누리게 되는 이권

현안에 관련된 기득권이 있는 사람들은 자신에게 이득이 되는 특정 결과를 만들어내기 위해서 증거를 곡해하거나, 선별적으로 취하거나, 또는 **사실 축소**를 감행하기도 한다.

대출 상담사가 특정 유형의 대출이 이루어질 때 받는 수수료가 특히 클 경우, 그는 집을 구매하려는 사람에게 바로 그 유형의 대출을 받도록 설득하는 일에 기득권이 있는 셈

이다. 이 사실은 상담사가 다른 유형의 대출보다 그 유형의 대출이 좋은 점을 강조하도록 만들 것이다. 이런 배경을 알 턱이 없는 고객은 그 제안들을 공정한 것으로 받아들이기 쉽다. 상담사의 이런 행위는 **거짓말**은 아니지만, 선별된 사실만을 제공해 고객이 스스로 최선의 선택을 만드는 과정을 방해하게 된다.

다른 경우를 생각해보자. 공공 도서관의 사서가 채소 원예에 관심이 있다면, 그는 도서관에서 원예 서가를 늘리는 일에 기득권이 있는 것이다. 이 기득권은 도서관 이용자 중 원예에 관심 있는 사람이 아주 적더라도 그런 사실에 눈감도록 할 것이며, 이는 곧 본분을 망각하는 일이다. 도서관 이용자가 이 사실을 알게 되면 늘어가는 원예 서가를 보며 어떻게 생각할까?

그러나 누군가가 특정 결과에 대해 기득권이 있음을 지적하는 것이 **대인 논증** 중에서도 **인신공격**에 해당하기에, 공정하지 않다는 것을 결코 증명하지 못한다. 따라서 기득권을 지적하는 부류의 논증은 반드시 검증되어야 하며, 제시된 증거는 공정하게 평가되어야 한다. 그러나 기득권을 밝히는 일만으로도 공정한 판단을 저버릴 가능성과 그 동기에 대한 경계는 될 수 있다.

기만 deception

※ 거짓말; 사실 축소

나쁜 근거의 오류 bad reasons fallacy

결론의 근거가 거짓이라면 그 결론도 무조건 거짓이라고 가정하는 오류

이는 **형식적 오류**의 하나다. 누군가가 무언가를 믿는 이유나 근거가 거짓이라고 해서 그가 믿는 내용이 거짓이라고 단정할 수는 없다. 잘못된 **전제**에서도 참인 결론이 도출될 수 있으며, 참인 전제로부터 잘못된 추론을 거치지만 참인 결론이 도출되는 것도 가능하다.

잘못된 논증이나 거짓된 전제가 결코 참인 결론을 산출할 수 없으리라는 것은 언뜻 그럴듯해 보인다. 실제로는 종종 참인 결론이 도출되기도 하지만, 한 가지 확실한 것은 그 논증은 신뢰성이 없다는 사실이다. 다음의 **논증**을 예로 살펴보자.

모든 어류는 알을 낳는다.
오리너구리는 어류다.
그러므로 오리너구리는 알을 낳는다.

이는 두 개의 거짓된 전제와 하나의 참인 결론을 지닌 타당한 논증이다(※ **타당성**). 어떤 어류의 경우 새끼를 낳기 때문에 첫 번째 전제는 거짓이다. 또한 오리너구리는 어류가 아니기 때문에 두 번째 전제도 거짓이다. 그러나 오리너구리는 알을 낳기 때문에 결론은 참이다. 이처럼 거짓된 전제들이 참인 결론을 도출할 수도 있다. 그리고 이것이 의미하는 바는, 단순히 어떤 결론이 거짓된 전제에서 도출되었음을 지적하는 것만으로는 거짓임에 대한 증명이 되지는 못한다는 점이다. 거짓된 전제나 부당한 형식의 논증에 의존해서 어떤 믿음을 갖는다고 지적하는 것은, 정확히 말해 그 믿음이 바르게 정당화되고 있지 않음을 보여주는 것이다. 이는 누군가가 단지 과학적 탐구에 의해 확증될 수 없는 증거인 **일화적 증거**에 근거해 참된 믿음을 주장하고 있을 때와 같다.

다음의 예시는 참인 전제로부터 참인 결론이 도출되었지만, 그 추론이 잘못된 논증이다.

어떤 미술관들은 입장료를 부과하지 않는다.
런던국립미술관은 미술관이다.
그러므로 런던국립미술관은 입장료를 부과하지 않는다.

이 논증의 전제들과 결론은 각기 모두 참이다. 그러나 결론은 전제로부터 신뢰성 있게 도출된 것이 아니다. 전제들이 참이라고 하더라도 런던국립미술관이 입장료를 부과하는 경우가 논리적으로 가능하기 때문이다. 달리 말하자면, 여기서 나타난 '그러므로'라는 말은 비논리적이다(※ **무관한 추론; 비논리적인 '그러므로'와 비논리적인 '따라서'**). 첫 번째 전제가 말하는 바는 일부 미술관들에 입장료가 없다는 것이다. 그러나 런던국립미술관이 그 '일부'에 포함되는지 여부를 판단할 단서는 주어지지 않았으며, 이것이 논증의 허점이다. 만약 당신이 결론이 거짓임을 말하고자 결론 도출 과정에 포함된 문제점을 지적했다면, 당신은 나쁜 근거의 오류를 범한 것이다. 참인 결론은 우연히 도달할 수도 있고, 적절한 근거 없이 언명될 수도 있다.

두 개의 간단한 예를 더 살펴보자. 범죄의 원인을 분석하기 위한 연구가 대표성 없는 표본과 부적절한 통계조사에 기초했어도, 참된 결론에 이를 수도 있다. 컴퓨터에 대해 아는 것이 거의 없는 사람이 온갖 잘못된 추론 끝에 자신의 컴퓨터에 생긴 문제를 정확히 짚어낼 수도 있다. 결론을 **논박**하려 한다면 그 결론이 신뢰성 없는 과정 끝에 도출되었음을 드러내는 것만으로는 충분치 않다. 결론이 거짓임을 입증하는 별도의 논증을 더 제시해야만 한다.

나쁜 집단 연상의 오류 bad company fallacy

사악하거나 멍청한 사람도 그 입장을 취했다는 이유만으로 다른 사람의 입장을 공격하는 것

비형식적 오류의 일종이다. 어떤 관점이 사악하거나 멍청한

사람에 의해 주장되었다면 그런 입장을 취하는 것은 스스로 그 사람처럼 사악하거나 멍청한 행동을 하는 것이라는 암시를 담고 있다. 예시를 살펴보면 이런 형식의 논증이 어떤 점에서 잘못되었는지 쉽게 드러난다.

만약 한 과학자가 많은 변인들을 통제하며 다수의 실험을 행한 끝에 제한된 형태의 텔레파시를 무시하면 안 된다는 **결론**을 도출했을 때, 많은 사람들이 단지 **소망적 사고**에 근거해 텔레파시를 믿는 사람들이 많다는 이유로 과학자의 결론을 묵살할 수는 없다. 과학자는 자신의 결론에 대한 증거가 있지만, 다른 사람들은 그런 현상이 있기를 바라는 것에 불과하다. 다른 사람들이 지적 수준이 낮은 나쁜 집단에 속해 있다는 사실은 과학자의 **결론**에 조금도 위협을 가하지 못한다.

두 번째 예로, 당신이 안락사 합법화를 지지하는 입장이라고 상상해보자. 상대방이 히틀러Adolf Hitler가 안락사 지지자였고, 안락사를 도입해 7만 명의 환자를 죽였다는 사실을 지적하면서 당신의 입장을 **논박**하려 한다면 어떨까. 심각해질 필요는 없다. 그는 나쁜 집단 연상의 오류를 범하고 있다. 또한 동시에 애매함의 오류를 범하고 있는데, 히틀러가 '안락사'라고 수행한 것을 과연 안락사라고 부를 수 있는지 분명하지 않기 때문이다. 아울러 상대방은 일종의 죽임이 합법화되면 그것이 대량학살로 직결된다는 함축을 은근히 밀어붙이고 있다. 이는 **미끄러운 비탈길 논증**을 사용하는 것이다. 어쨌든 여기에 적용된 나쁜 집단 연상의 오류는 히틀러가 행한 모든 것이 도덕적으로 잘못되었거나 거짓된 믿음에 근거했다고 말하는 것이다. 이는 안락사를 합법화하면 안 되는 독립된 이유가 있을 수 없다는 것이 아니라, 히틀러가 그렇게 했었다는 사실만으로는 안락사를 합법화하면 안 되는 이유가 되지 못한다는 것이다. 그렇게 말할 때는 적어도 이들 두 상황이 어떤 점에서 적절하게 유사한지에 대한 분석이 함께 제시되어야 한다.

사람들은 나쁜 집단 연상의 오류를 대개는 상대 입장을 지지받으면 안 되는 것으로 설득하려는 **수사법**의 형태로 사용한다. 이 수사법은 때로 매우 그럴듯하게 들린다. 나쁘거나 멍청하다고 생각되는 사람들은 실제로 많은 잘못된 믿음을 품기가 쉽기 때문이고, 또한 자신이 경멸하는 사람과 같은 입장에 선다는 사실은 그것만으로도 매우 불쾌한 일이 될 수 있기 때문이다. 그러나 히틀러가 믿었다고 해서 그 믿음이 거짓이라고 입증되는 것은 아니다. 히틀러는 '2+3=5'를 믿었고, 베를린이 독일 안에 있다고 믿었다. 사악하거나 멍청한 사람들의 믿음에는 거짓인 것들도 있을 것이다. 그러나 이런 형식의 논증은 그들의 믿음 중에 제대로 된 것도 있다는 사실을 고의로 무시하는 것이다(**※ 대인 논증; 인신공격**).

나쁜 집단 연상의 오류는 때로 **생략추리법**의 형태를 취한다. 즉, 논증에서 제시되지 않은 **가정**을 중요 **전제**로 삼는 것이다. 앞의 사례에서 진술되지 않은 전제는 "히틀러가 지지했던 모든 것은 그가 지지했다는 이유만으로 도덕적으로 잘못되었다"이다. 이에 대해 말하자면, 비록 히틀러는 도덕적으로 잘못된 관점을 여럿 견지했고, 인간성에 반하는 최악의 죄를 범했지만, 언급했듯이 그 사실로부터 그가 지지하거나 믿은 모든 것이 도덕적으로 잘못되거나 거짓이라는 결론이 도출되지는 않는다.

나쁜 집단 연상의 오류는 좋은 집단 연상의 오류라고 부를 수 있는 것과 비교될 수 있다. 이 오류는 특정한 누군가가 승인하거나 긍정하는 것이라면 무엇이든 믿고 받아들이는 것이다(※ **고두의 예; 권위에 의한 진실; 만물박사**). 두 경우에서, 주어지는 증거와 논증은 마땅히 별도로 검증되어야 하며, 추론이 부적절한 근거들로 가득 차 있더라도 그 결론이 참이라고 드러나는 일은 여전히 가능하다는 사실을 알아두어야 한다(※ **나쁜 근거의 오류**).

녹다운 논증 knock-down argument
상대의 입장을 완벽히 논박하는 논증

복싱 경기의 녹아웃 펀치와 같다. 예를 들어 누군가가 모든 진리는 그것이 주장된 문화에 따라 상대적인 것이라고 주장했다고 하자. 이런 관점에 따르면 700년 전에는 태양이 지구 주위를 도는 것이 진리였지만(그때는 그것이 공식적 견해였으므로) 지금은 아니다. 그러나 이 주장이 자기모순적이라고 주장하는 녹다운 논증이 가능하다. 만약 모든 진리가 문화

에 따라 상대적이라면 모든 진리가 상대적이라는 진리 역시
상대적이며, 그 또한 특정 문화에서만 진리로 작용하게 되
기 때문이다.

그러나 상대주의 이론의 옹호자들은 이 입장이 절대적으
로 참인 것처럼 대한다. 가장 단순한 형태의 상대주의는 녹
다운 논증으로 쉽게 논박된다. 상대주의자들은 대개 이 공
격을 일종의 **허수아비 공격하기**로 받아들이지만, 그 논증이
자신들의 입장을 어떻게 왜곡하고 있는지 설명하는 것은
그들의 책임으로 남는다.

논박 refutation
진술이나 주장, 비난 등이 사실이 아니라는 입증

이는 부정하는 것과 전적으로 다르다. 당신이 어떤 진술을
부정한다면, 단지 그것이 사실임을 부인한 것이다. 예를 들
어 철학에 대한 책을 써서 많은 돈을 번 사람은 아무도 없
다는 주장은 《소피의 세계》의 저자 요슈타인 가아더Jostein
Gaarder라는 단 하나의 **반례**를 통해 쉽게 논박할 수 있다. 단
순히 부정할 때와는 달리, 무언가를 논박하려 한다면 증거
나 논증이 필요하다. 유감스럽게도 많은 사람들은 '논박'이
라는 말을 '부정'과 의미가 통하는 것처럼 사용한다. 예를
들어 정치인들은 상대방의 주장에 대해 사실임을 부정한
것만으로 논박되었다고 주장하곤 한다. '논박'이라는 말을

이런 식으로 사용하는 것은 **소망적 사고**에 의한 것이다. 정치인들의 믿음처럼 단순히 부정하는 것만으로 상대방의 입장을 위협할 수 있다면 정말 편할 것이다. 그러나 정확한 의미의 논박을 위해서는 부정하는 것에 비해 무척 많은 노력이 필요하다.

논점 일탈의 오류 ignoratio elenchi
'핵심에서 벗어나기'를 가리키는 오류의 명칭(※ 무관한 것)

논증 argument
결론을 뒷받침하는 추론

'말싸움*'과 헷갈리지 말아야 하는데, 이런 의미일 때는 추론보다 **언명**과 반대 언명을 쓰는 게 훨씬 더 일상적이다. 이 책에서 사용되는 '논증'이란 결론을 믿을 이유를 제공하는 것이다. 반면 '언명'은 결론만 주고 그 결론을 믿을 근거를 제시하지는 않는 것이다. 그런데 이때 어떤 주장의 근거가 반드시 논리적 추론이어야 하는 것은 아니다. 신뢰할 수 있는 전문가의 발언 등은 대개 결론을 지지하는 근거가 될 수

● 영어에서 'argument'는 '말싸움'의 의미도 있다.

있다(**※ 권위에 의한 진실**).

논리학 책에서 사용하는 논증, 특히 연역 논증(**※ 연역법**)
은 언제나 아주 깔끔하게 제시된다. 전제와 결론은 한눈에
도 뚜렷이 구분되며, 특히 결론은 '그러므로'라는 말로 직접
지시되기 마련이다. 그러나 실생활에서 접하게 되는 논증들
은 그 구조를 파악하기가 어려울 때가 많다. 적어도 어떤 전
제는 명시적으로 기술되기보다는 가정되는 편이고(**※ 가정;
생략추리법**), 결론이 전제보다 먼저 나오기도 하며, '그러므
로'나 '따라서' 같은 말로 직접 지시되는 경우가 거의 없다.
그렇기에 주어진 논증을 평가할 때는 전제와 결론의 정확한
관계를 분명히 하는 선행 작업이 필요한 경우가 허다하다. 다
음의 논증을 분석해보자.

당신은 자녀들에게 영화 〈시계태엽 오렌지〉를 보지 못하게
해야 한다. 그것은 너무 잔인하다.

함축된 논증은 다음과 같다.

잔인한 영화를 본 아이들은 잔인해진다.
당신은 자녀들을 잔인하게 만드는 것들로부터 그들을 지
켜야 한다.
당신은 자녀들이 영화를 보지 못하게 할 수 있다.
〈시계태엽 오렌지〉는 잔인한 영화다.
그러므로 당신은 자녀들이 〈시계태엽 오렌지〉를 보지 못하

61

게 해야 한다.

이는 타당한 논증이다(※ **타당성**). 모든 압축된 논증을 이런 식으로 상세히 설명하는 것은 대부분의 상황에서 매우 소모적이고 불필요하다. 그러나 전제가 어떻게 결론을 지지하는지 정확히 파악하기 어려울 때는 그 기저에 놓인 논증을 명시함으로써 혼란을 줄일 수 있다.

앞의 논증에서 만약 전제가 참이라면 결론은 반드시 참이 된다는 것에 주목하라. 즉, 모든 전제가 참이지만 결론이 거짓인 상황은 있을 수 없다. 이는 논증의 구조가 타당하기 때문이다. 달리 말하자면, 타당한 논증은 진리 보존적이다. 만약 이와 동일한 구조의 논증에 참인 전제들을 넣는다면, 참인 결론을 얻을 수밖에 없다고 확신할 수 있다는 뜻이다. 나아가 어떤 논증이 타당하다는 것을 안다면, 당신은 결론이 참이라는 것을 받아들여야 하거나 그게 아니면 전제 중 적어도 하나가 참임을 부인해야 한다. 또한 참인 전제들로 이루어진 타당한 논증은 **건전한 논증**이라 부른다.

어떤 논증은 귀납 논증이다(※ **귀납법**). 다음의 예를 살펴보자.

그림 복원은 오히려 중요한 작품들에 피해를 입히기도 했다. 세계의 오래된 미술관들에는 복원 때문에 훼손된 작품에 대한 많은 선례가 있다. 따라서 당신은 복원을 시도할 때 극도로 주의를 기울여야 하며, 그렇지 않을 경우 오히려 복원하는 것 이상으로 작품에 피해를 줄 수 있다.

이는 하나의 논증이지만 연역적이지는 않다. 즉, 진리 보존
적이지 않다. "그림의 복원을 시도할 때 극도로 주의를 기울
여야 한다"라는 결론은 그동안 행해진 그림 복원의 일부가
오히려 작품에 심각한 피해를 입혔다는 사실을 근거로 삼
는다. 여기서 결론을 믿도록 제시된 근거는 과거 사례에 대
한 관찰과 미래에도 그와 같으리라는 가정이다. 귀납 논증
은 무언가를 확정적으로 증명해내지는 못한다. 그저 무언
가가 개연적으로 혹은 거의 확실히 사실일 것이라고 말한
다. 귀납 논증은 언제나 연역 논증의 진리 보존적 본성에는
미치지 못하지만, 결론에 대해 매우 강력한 기반을 제공할
수는 있다.

　논증은 근거 없이 주어진 **언명**과는 그 무게가 다르다. 논
증이란 주어진 결론이 바르게 지지되는지 여부를 다른 사
람들이 평가할 수 있는 추론을 제공하기 때문이다. 대립하
는 두 입장에서 각기 제시한 논증들을 살펴보는 일은 둘 사
이에서 결정을 할 때 가장 좋은 방법이 될 것이다. 만약 누
군가가 논증을 제시한다면, 우리는 그 결론이 주어진 근거
로부터 지지를 받는지 판단할 수 있다. 그러나 만일 누군가
가 제시한 논증이 **편견**이나 **수사법**적 논증 혹은 주어진 근거
의 지지를 받지 못하는 언명이라면, 결론이 참으로 드러나
더라도 그것이 왜 참이 되는지, 어떻게 그런 사실에 이르는
지 아는 것이라고 할 수 없다.

'다들 그렇게 합니다' 'Everyone does it'

'한통속으로 몰아가기'에 기초하는 것으로, 나쁜 행동에 대한 간편하지만 부적
절한 변명

이 말은 대개 문자 그대로 받아들여서는 안 된다. '다들'은
정말로 예외 없이 모든 사람을 의미하기보다는 '많은 사람'
을 의미한다(※ '어떤'과 '모든'의 혼동). 그러나 어떤 잘못된 행
동을 많은 사람이 한다고 해서 그것이 정당한 행동이 되지
는 않는다.

　예를 들어 많은 사람들이 운전 중에 신호등이 적색으로
바뀐 직후에는 멈출 수 있더라도 그냥 그대로 통과해버린
다. 만약 누군가가 그렇게 하다가 경찰에게 적발되었을 때,
다들 그렇게 하므로 심각한 위반은 아니라고 말한다면 이
는 문제가 있다. 그런 행동은 사고를 유발할 수 있기에 심각
한 위반이다. 이런 응답이 부적절한 이유는 명확하다. 정말
로 모든 사람이 적색등이 들어온 직후에 교차로를 지나쳐
가는 일이 있다 해도 과실이 덜한 위반이 되는 것은 아니

며, 도로를 한층 위험하게 만들 뿐이기 때문이다.

다른 예로 직장에서 작은 사무용품들을 몰래 가져가는 일을 생각해보자. 사람들은 자신의 행동이 문제되지 않는 것처럼 보이려고 이런 변명을 한다(※ **합리화**). 그 경우에 "다들 그렇게 합니다"라고 말하는 것은 그런 도둑질이 사회적으로 용인 가능하다고 말하는 것과 같다. 나아가 어떤 것이 사회적으로 용인 가능하다고 해도 도덕적으로도 용인 가능한지는 또 다른 문제다(물론 도덕성을 사회적 용인 가능성이 규범으로 바뀐 형태일 뿐이라고 본다면 그렇지 않겠지만).

어떤 정당의 부정부패가 밝혀졌을 때, 그에 대한 질문을 받은 해당 정당의 정치인이 다른 나라에 만연한 부정부패에 대한 이야기로 논점을 흐린다면 어떨까(※ **무관한 것; 정치인의 대답**). 부정부패가 만연해 있다고 해도 근절이 불가능하거나 불필요하다고 말할 수는 없다.

자신보다 더 큰 잘못을 저지른 사람을 언급함으로써 자신의 잘못을 변명하려는 사람들도 있다(※ **한통속으로 몰아가기**). 예를 들어 주거침입 강도죄로 체포된 뒤 자신이 훔친 돈은 일부 부도덕한 사업자들이 매일 행하는 장부 조작과 탈세에 비하면 아무것도 아니라고 말하는 식이다. 하지만 다른 사람이 자신과 같은 잘못을 저질렀거나 혹은 더 큰 잘못을 저질렀다고 해도, 그 사실에서 자신은 잘못이 없다는 결론이 도출되지는 않는다. 실제로 도출되는 것은, 당신을 지목하려는 누군가가 똑같이 나쁘거나 더 나쁜 다른 사람들에 대해서는 지목하려 하지 않는다면 이는 비일관적이라는 점이다(※ **일관성**).

누군가가 "다들 그렇게 합니다"라는 말을 자신의 행동을 변호하기 위해 내뱉는다면, 이는 잘못된 논증으로 비도덕적인 행동을 지지하려는 시도일 수 있다. 그것은 다른 사람의 잘못된 행동들이 어떤 식으로든 자신의 잘못된 행동에 정당성을 부여할 수 있으리라는 **소망적 사고**에 불과하다.

다수결 majority vote
※ **민주주의의 오류; 합의에 의한 진리**

다양한 질문 many question
※ **복합 질문**

단일 사례에 근거해 논증하기 single case, arguing from
※ **성급한 일반화; 일화적 증거**

'당신도 마찬가지입니다' 'You too'

'한통속으로 몰아가기'의 다른 형태

"이 비판은 내 입장에만 적용되는 게 아니라, 당신 입장에
도 적용됩니다"라고 말하는 것이다(**대인 논증**에서 두 번째 의
미 참조).

'당신은 아니라고 말하겠죠' 'You would say that wouldn't you'

인신공격 또는 대인 논증의 한 종류

대개 이전에 말한 사람의 **기득권**이나 그가 적극적으로 발언
하는 동기를 지적함으로써 그 신용도를 깎아내리려 할 때
사용된다. '프러퓨모Profumo 사건'에 대한 재판 중에 맨디 라
이스데이비스Mandy Rice-Davies는 당시 애스터 경Lord Astor이
자신과의 관계를 부정한 것을 두고 "물론 그는 아니라고 말
하겠죠"라고 해 그가 사실을 부인한 동기가 무엇인지에 관
심을 집중시켰다.* 그런 상황에서 그런 말을 한 것은 확실히
관련이 있고 적합했으며, 무엇보다 아주 강력한 영향을 발

---

* '프러퓨모 사건'은 1960년대에 있었던 영국의 정치 스캔들이다. 육군 장관이던 존
프러퓨모와 관계를 맺던 크리스틴 킬러가 주 영국 소련 대사관 소속의 해군 장관
예브게니 이바노프와도 관계를 맺었던 것이 알려지며, 기밀 누설에 대한 의혹이
제기되었다. 라이스데이비스는 크리스틴 킬러와 안면이 있는 모델이었고, 애스터
는 보수당 하원 의원이었다. 라이스데이비스의 발언은 이후로 널리 회자되었다.

휘했다. 그러나 어떤 경우에는 화자의 동기에 관심을 집중시키는 일이 실제 사용하는 논증이나 증거를 등한시하도록 한다. 제시된 논증이나 증거는 화자의 동기와 무관하게 평가되어야 한다.

예를 들어 건강에 관심이 많은 동시에 와인을 좋아하는 사람은 과학적 증거를 인용해 적당한 양의 레드 와인은 건강에 긍정적 영향을 준다는 의견을 지지할 수 있다. 이에 대해 누군가가 "당신은 그렇게 말하겠죠"라고 말하며, 와인을 마시는 일과 건강한 삶이 결합될 수 있다고 밝혀질 경우 화자가 얻게 될 **기득권**으로 관심을 유도할 수 있다. 그러나 여기서 화자의 동기는 증거들에 영향을 미친 바가 없으며, 화자에게 그럴 동기가 있든 없든 증거는 그 자체로 평가받아야 한다. 화자가 증거(또는 건강에 도움이 되는 현상에 대한 반대 증거나 **대안적 설명**)를 잘못 제시한 경우가 아니라면, "당신은 그렇게 말하겠죠"라고 어떤 혐의를 제기하는 것은 그다지 예리한 지적은 아니다. 다만 화자가 어째서 그런 사실들을 인용하려 했는지 조명해주는 정도의 의미만 갖는다.

"당신은 그렇게 말하겠죠"라는 말은 자신이 말한 바를 지지하는 논증이나 증거를 사용하는 화자(이 사람도 동기가 있긴 하다)보다는, 애스터처럼 논증이나 증거를 제시하지 않은 채 특정한 입장을 고수하려는 동기가 상당한 화자에게 사용할 때 효과적이다. 전자와 같은 화자의 경우도 동기를 파헤치는 일이 큰 그림을 이해하는 데 도움 될 수 있겠지만, 그런 말로 논점을 흐리거나 논증과 증거를 주어진 그대로 판단하는 데 방해를 가하면 안 된다.

대안적 설명 alternative explanation
논의되는 현상에 대해 무시되었지만 가능한 다른 설명들

사람들은 흔히 어떤 설명이 이미 알려진 사실들과 일관된다는 이유만으로 그것이 분명히 옳은 설명이라고 믿어버린다(※ **일관성**). 이러한 경향은 사람들이 그 설명을 사실로 바라고 있을 때 특히 강해진다. 그렇지만 이는 **소망적 사고**이며, 동일한 관측을 설득력 있게 뒷받침하는 다른 대안적 설명이 있을 수 있다는 개연성을 무시하는 것이다.

형식적 오류의 한 유형인 **후건긍정**은 대안적 설명을 무시하는 전형으로, 다음과 같은 예를 통해 살펴보자.

> 만약 당신이 실수로 필름을 빛에 노출한다면, 사진이 제대로 인화되지 않을 것이다.
> 사진이 제대로 인화되지 않았다.
> 따라서 당신은 분명히 실수로 필름을 빛에 노출한 것이다.

여기서 사진이 제대로 인화되지 않았다는 것에 대한 수많은 대안적 설명들은 완전히 무시되고 있다. 당신이 사진을 잘못 촬영한 것일 수도 있고, 현상 중에 문제가 생겼을 수도 있으며, 렌즈의 덮개를 가린 채 촬영했을 수도 있다.

사람들은 특히 상호관련성이 존재하는 것을 보고 인과적 관련성을 추론해낼 때(※ **상호관련성과 인과관계의 혼동**), 대안적 설명이 가능하다는 사실을 쉽게 잊고 만다. 예를 들어 한 과학자가 음악적 재능에는 유전적 요인의 기여가 아주 크다는 사실을 보여주고자 뛰어난 음악가를 부모로 둔 아이들의 음악적 재능과 일반 부모를 둔 아이들의 음악적 재능을 비교한다면 어떨까. 부모 중 한쪽 혹은 양쪽 모두가 뛰어난 음악가인 아이들의 음악적 재능이 다른 아이들에 비해 탁월하다는 조사 결과가 나오더라도 그리 놀랍지는 않을 것이다. 그러나 과학자가 이 조사를 음악적 재능에는 유전적 요인의 기여가 크다는 증거로 채택했다면, 이 증거만으로는 믿을 만한 결론이 도출될 것이라고 볼 수 없다. 음악가의 자녀들은 다른 아이들에 비해 어린 나이부터 악기 다루는 법을 배우는 경우가 훨씬 많기 때문이다. 이는 과학자가 동일한 현상에 대해 대안적 설명을 무시하는 것이라고 할 수 있다. 사실 가장 개연성 있는 설명은 음악적 재능에 유전적 요인과 환경적 요인이 모두 작용한다는 것이다. 이 역시 앞의 사례에서 가상으로 관찰된 사실과 일관된다.

어떤 사람들은 다른 은하의 외계인이 주기적으로 지구를 찾아오고, 실험을 위해 사람을 납치하기도 하며, 이상한 낌새를 맡지 못한 비행기 조종사들에게 신호를 보내는 따위의 일을 한다고 믿는다. 그들은 자신들이 믿음의 증거로 채택한 현상들을 설명할 수 있는 다른 대안적 설명들은 모두 무시하면서 그 믿음을 고수한다. 만약 옥수수 밭에서 이

71

상한 문양이 발견되는 것이 의심할 여지없는 사실이라 해도, 그것이 반드시 외계인의 소행이라고 말할 수는 없다. 그 현상에는 누군가의 장난이라거나, 특이한 기상 조건 때문이라는 등 한결 개연성 있는 설명이 다양하게 존재한다. 미스터리 서클이 어쩌면 외계인의 소행일 수도 있다는 사실과, 그것이 외계인의 소행임이 분명하다고 결론을 내리는 일은 전혀 다른 문제다. 그런 결론을 내리려면 외계인의 방문이 미스터리 서클의 존재에 대한 유일한 설명이거나 혹은 가장 개연성 있는 설명임을 입증해야 한다. 다른 가능한 설명들이 없을 때에야 그런 별난 설명을 받아들일 수 있을 것이다. 또 그런 경우에도 소망적 사고일 여지는 여전히 경계해야 한다.

대인 논증 ad hominem move
'사람을 향한다'라는 뜻의 라틴어 'ad hominem'에서 온 말

논증에서 사람을 향한다는 것은 두 가지 경우로 나뉠 수 있는데, 이들은 서로 혼동될 수 있어 구분이 필요하다(**※ 애매함**). 둘 중 훨씬 많이 쓰이는 쪽은, 논쟁에서 정직하지 못한 쪽으로 주의를 돌리게 하는 것인데. 이는 인신공격 항목에서도 다룰 것이다. 다시 말해 논점으로부터, 그 인물이 지니고 있지만 논점과는 무관한 특징으로 주의를 돌리게 하는 것을 말한다. 다른 사람의 말에 대해 이런 의미로 '사람

을 향한다'고 말하는 것은 언제나 비난하는 것이다. 즉, 거기에는 논의의 초점이 되고 있는 개인의 성격이나 행동이 지금 논의되고 있는 점과 무관하다는 주장이 들어 있다.

예를 들어 "한 의학자가 조깅이 심혈관계에 미치는 긍정적인 효과를 연구했는데, 그 자신은 비만인데다 하루에 100미터도 뛰지 않는 것으로 보인다면, 그의 검사 결과를 신뢰할 수 없다"고 누군가가 주장한다면 어떨까? 사실 과학자의 체형이나 생활 습관은 그가 연구에서 제시한 증거를 판단하는 능력과 전적으로 **무관한 것**이다. 만약 그 과학자가 거짓말쟁이이거나 연구자로서 능력이 부족하다는 사실이 드러났다면, 그런 이유로 조사 결과를 받아들이는 태도를 바꾸는 것은 마땅한 일이다. 그러나 이처럼 과학자의 건강 상태에 초점을 맞추는 것이 바로 첫 번째 의미로서 대인 논증이다. 이는 자신이 설교하는 것을 정작 본인은 실천하지 않는다고 비난하는 **위선**과 구분되어야 한다. 늘 앉아만 있는 과학자가 사람은 누구나 뛰어야 한다고 말하면서 다른 사람들에게 뛸 것을 권한다면, 이때는 위선이 된다.

두 번째 의미에서 대인 논증은 상대방의 **비일관성**을 합당하게 드러내는 기술인데, 이런 의미로는 자주 쓰이지 않는다. 요컨대 상대방에게 논증을 되돌려주는 것이다(※ **'당신도 마찬가지입니다'**). 예를 들어 누군가가 "모든 살인은 도덕적으로 잘못되었다"와 "사형은 도덕적으로 문제가 되지 않는다"를 동시에 주장한다면, 두 번째 의미의 대인 논증을 사용해 문제를 지적할 수 있다(사형이 살인의 일종이라고 증명할 수 있어야 하는데, 이는 어려운 일이 아니다). "모든 형태의 살인은 도덕적으로 잘못되었다"와 "한 가지 형태의 살인은 도덕적으로 문제가 없다"를 **모순** 없이 동시에 주장하기란 불가능하기 때문이다. 이는 "모든 살인은 도덕적으로 잘못되었다"와 "모든 살인이 도덕적으로 잘못된 것은 아니다"를 함께 주장하는 것과 같다. 논증을 이렇게 되돌려주면 상대방에게 그 입장이 옹호될 수 없음을 분명하게 증명할 수 있을 것이다.

살펴본 두 가지 의미 중 첫 번째 의미의 대인 논증은 **비형식적 오류**이다. 반면 두 번째 의미의 대인 논증은 완벽하게 합당한 논증으로 받아들여진다. 따라서 두 가지 의미를 구분하는 것은 매우 중요하다.

더미의 역설 sorites paradox

※ 선 긋기; 역설; 흑백논리

도미노 효과 domino effect

한 가지 사실이 허용됨으로써 원치 않는 사건이 연쇄적으로 불가피하게 발생하는 것

마치 도미노 하나를 밀면 그것이 쓰러지면서 그 다음 것을 계속해 쓰러뜨리는 것과 같다. 이 비유는 주로 **수사법**적으

로 사용된다. 예컨대 미국의 정치인들이 베트남전 개입을 정당화하는 데 사용한 것이 유명한 예다. 그들의 주장에 따르면 만약 한 국가가 공산주의를 허용하면 도미노 효과가 발생해 피할 수도, 되돌릴 수도 없는 연쇄효과를 일으켜 여러 국가들이 차례로 공산화되므로 그전에 조치를 취해야 한다.

이 비유적 논증은 **미끄러운 비탈길 논증**과 유사하다. 그리고 이 두 논증 유형에 공통점이 있다면, 합당하게 쓰이는 경우가 많지 않다는 사실이다. 결과의 불가피성이란 문제의 개별적이고 구체적인 상황에서 생기지, 도미노라는 딱지를 붙인다고 해서 생기는 것은 아니다. 그럼에도 도미노 효과를 말하는 논증은 특정 행동에는 불가피한 결과가 있다고 설득하곤 한다. 그런 과정에서 정말로 그럴지에 대한 증거나 논증이 적절히 제공되는 경우는 많지 않다. 사실 실제 도미노에서도 도미노 효과가 언제나 불가피하게 발생하지는 않는다. 정렬 상태에 아주 작은 오차만 있어도 도미노들은 연쇄 작용을 멈춘다.

유비에서와 마찬가지로(※ **유비논증**), 비교하는 두 현상 사이에 있다고 생각되는 유사성에 언제나 주의해야 하고, 그 유사성이 정말로 관련이 있는지 살펴보아야 한다(※ **비유사성**).

도박꾼의 오류 gambler's fallacy

운으로 좌우되는 게임에서 지면 질수록 다음번에는 이길 확률이 높아진다고 믿는 오류

도박을 하는 사람들은 오랫동안 지고 있을수록 다음에는 이길 확률이 점점 높아진다고 믿을 때가 있다. 룰렛처럼 운으로 좌우되는 게임에서 이런 믿음은 **소망적 사고**에 불과하다. 동전을 던지는 간단한 게임을 볼 때, 동전이 뒤틀리지 않았다면 앞면이 나올 확률과 뒷면이 나올 확률은 언제나 같다. 그에 따라 동전을 만약 100번 던진다면, 앞면이 나오는 건 대략 50번 정도일 것이라고 기대할 수 있다. 마찬가지로 룰렛에서 붉은 수가 나올 확률은 검은 수가 나올 확률과 언제나 같다(대부분의 룰렛 바퀴에는 그린존이 있어서 그 확률이 정확하게 50퍼센트씩은 아니겠지만). 순진한 도박꾼들은 이런 사실을 대할 때, 동전의 앞면 혹은 룰렛의 붉은 수가 계속 나온다면 일종의 '평균의 법칙'에 의해 다음번에는 동전의 뒷면이나 룰렛의 검은 수가 나올 거라는 기대를 품는다.

그렇지만 동전이나 룰렛에는 기억력이 없다. 이전 게임의 결과를 기억해내고 그에 맞춰 이번 게임의 결과를 조정하는 과정이 결코 없다는 뜻이다. 그에 따라 던져진 동전에서 앞면이 나올 확률은 언제나 50퍼센트로, 뒷면이 연달아 몇 번 나오든 바뀌지 않는다. 또한 회전하는 룰렛 판에서 공이 검은색에 들어갈 확률도 언제나 동일하다고 여기는 것이 합리적이다.

도박꾼이 '어제도 잃고 오늘도 잃었으니까 내일은 분명 딸 수 있겠지!'라고 생각한다면 슬픈 착각을 하고 있는 것이다. 그런 생각은 사실 아주 만연한 **비형식적 오류**의 일종이다.

이른바 러시안룰렛처럼 승패의 확률이 가변적인 게임도 있다. 누군가가 리볼버의 6개 약실 중 한 곳만 총알을 넣고 5개 약실은 비워둔다. 그가 자신의 머리에 총구를 겨누고 방아쇠를 당길 때, 총알이 격발될 확률은 산술적으로는 6분의 1이다. 만약 격발되지 않았다면 탄창은 자동적으로 다음 칸으로 돌아가기 때문에, 그 다음 사람의 차례에 격발될 확률은 5분의 1이 된다. 다음 차례엔 4분의 1이 될 것이고, 게임은 총알이 격발될 때까지 진행된다. 그렇지만 한 명이 방아쇠를 당긴 후에 탄창을 회전한다면, 보통의 룰렛과 마찬가지로 확률은 차례를 반복해도 변하지 않기에 누군가가 정말로 격발할 때까지 그 확률은 6분의 1로 고정된다고 생각하는 게 합당하다. 도박꾼의 오류는 자신이 하는 게임의 형식이 매번 탄창을 회전하는 러시안룰렛과 같음에도 그렇지 않은 러시안룰렛과 같다고 착각하는 것이다. 다행히도 그런 잘못된 계산의 결과가 진짜 러시안룰렛 게임을 하는 것만큼 심각하지는 않겠지만.

따라서 so

※ 비논리적인 '그러므로'와 비논리적인 '따라서'; 설득하는 말

만물박사 universal expertise

한 분야에서 숙달했다는 이유로 다른 분야에서도 숙련되었을 거라고 보는 것

특정 분야의 전문가가 자기 전공과 무관한 분야에 대해 입장을 표명할 때 강한 자신감을 보이는 일은 얼마든지 있을 수 있다. 그럴 때 부주의한 청중들은 그가 어떤 분야에서 유명한 권위자이기 때문에 다른 주제에 대해서도 동등한 신뢰를 만들어내리라는, 믿을 만하지 못한 **가정**을 하게 된다(※ **권위에 의한 진실**). 그러나 누군가가 모든 분야에서 전문가이리라는 가정은 명백히 잘못된 것이며, 한 분야의 전문가가 상이한 분야에서도 권위가 있으리라는 가정 역시 잘못된 것이기 쉽다. 전문가가 신뢰받는 유일한 이유는 그 자신이 의견을 공표하는 영역에서 전문 지식을 가지고 있어서다.

예를 들어 알베르트 아인슈타인Albert Einstein이 위대한 물리학자임은 의심할 필요가 없다. 따라서 그가 물리학이나 관련 주제에 대해 공표한 이야기들은 아주 진지하게 받아

들일 수 있다. 하지만 그가 물리학 분야에서 천재성을 보였다고 해서, 사회의 본질에 대한 언급도 권위 있는 것으로 대하는 일은 부당하다. 물리학 연구와 인간 사회 연구에는 뚜렷한 연관성이 없다. 그는 분명 똑똑한 사람이었지만, 아무리 똑똑한 사람도 짧은 인생 동안 다방면에서 권위 있는 전문가가 되기는 매우 어렵다. 특히 여러 분야를 넘나드는 사고 능력을 적용하기보다는 구체적인 지식이 많이 요구되는 분야일수록 그렇다. 하물며 모든 분야에서 전문가가 되는 것은 불가능하다(※ **고두의 예**).

말린 청어 놓기 red herrings
무관한 것을 끌어들여 사람들의 관심을 엉뚱한 길로 흘려보내는 것

여우가 다니는 길에 말린 청어를 문질러두면, 사냥개는 여우를 찾다가 엉뚱한 길을 헤매기 시작한다. 말린 청어를 놓는다는 것은 이런 효과를 내기 위해 토론과 무관한 주제를 의도적으로 끌어들이는 행동을 비유한 말로, 흔히 쓰이는 전략이기도 하다. 말린 청어에 해당되는 것은 무관한 주제이긴 하지만 그 자체로 흥미가 있고, 얼핏 들으면 논의 중인 문제와 관련이 있어 보인다. 그래서 엉뚱한 길이 실은 잘못된 길이라는 점이 명백하지 않기 때문에 말린 청어 놓기는 특히 효과적이다. 그리고 이런 방법은 해당 안건에 대한 논의 시간이 한정적일 때 가히 폭력적인 수단이 된다(※ **정치인**

의 대답).

예를 들어 표현의 자유에 대한 논쟁 중에 누군가가 인터넷의 구조와 기능에 대한 이야기를 꺼낸다면, 이는 주제와 관련이 있어 보인다. 그러나 화자가 그 전이나 후에 자신이 한 이야기와 표현의 자유에 어떤 접점이 있는지 설명을 덧붙이지 않는다면, 그 자체로 아무리 흥미롭더라도 결국 토론 주제와 관련이 없는 이야기로 남을 것이다.

매몰비용오류 sunk cost fallacy
많은 투자를 했다는 이유만으로 이미 실패한 계획·생각·사업에 계속 몰입함으로써 자신을 파괴하는 동향

이는 **소망적 사고**를 포함한다. 예를 들어 텔레비전이 반복적으로 고장 날 때 거기에 쓴 돈이 아깝다는 이유로 계속 다시 돈을 지불해가며 수리하려 한다면 문제가 있다. 텔레비전을 버릴 때 발생하는 환경적인 문제 때문에 계속 수리하며 사용하는 것이라면 이야기가 다르겠지만, 이미 지불한 돈이 많다는 이유만이라면 매몰비용오류를 범하는 것이다. 많은 돈을 썼다는 사실만으로는 그쪽에 계속 돈을 쓰는 게 최선의 행동이라는 결론이 도출되지 않는다. 이미 한 투자를 놓아버릴 줄 아는 치료가 필요하며, 그렇지 않다면 "이미 많이 낭비하고도 돈을 더 쓴다"라는 격언대로 행동하고 있음을 깨달아야 한다(※ **격언에 의한 진실**).

전시의 지휘관들이 고착된 전선을 보면서 부대를 물리고 싶어 하지 않는 상황을 생각해보자. 이때 유일한 이유가 그 전투에서 소진한 병력을 헛된 것으로 만들고 싶지 않아서라면, 이 역시 매몰비용오류이다. 전사자들의 생명은 고귀한 것이지만, 그 사실만으로는 더 나은 대안에 대한 탐색 없이 더 많은 군인의 생명을 위협해도 좋다는 정당화가 성립되지 않는다. 논점은 어떤 해결책으로 그 전투를 끝낼 수 있느냐가 되어야지, 얼마나 많은 인명이 이미 희생되었느냐가 되어서는 안 된다.

모두스 톨렌스 modus tollens

※ 후건부정

모두스 포넨스 modus ponens

※ 전건긍정

'모든'과 '어떤' all and some

※ '어떤'과 '모든'의 혼동

모순 contradiction
하나가 다른 하나를 부정하기 때문에 동시에 참일 수 없는 두 진술의 관계

예를 들어 "나는 뉴욕에 가봤고 가보지 않았다"는 말은 모순이다. 이는 자신이 뉴욕에 가봤음을 긍정하는 동시에 부정하는 것이다. 어떤 문장이든 '사실이 아니다'라는 말을 덧붙이면 원래 문장과 모순된 관계를 이룬다(※ **귀류법, 일관성**). 문장이 동시에 참이면서 거짓일 수 없다는 **무모순성의 원리**는 논리의 아주 기본적인 원칙이다.

모욕 insults
※ 대인 논증; 인신공격

모호함 vagueness
정확함의 부족

모호함은 **애매함**과 구별되어야 한다. 애매함은 단어나 구절이 두 가지 이상으로 해석될 수 있을 때 발생한다. 반면 모호함의 여부는 언제나 문맥과 상황에 달려 있으며, 한 문장에서는 모호한 표현이 다른 문장에서 정확한 표현이 되기도 한다.

예를 들어 여권을 발급받기 위해 나이를 기입할 때, '18세 이상'이라고 쓴다면 이는 모호한 구석이 있다. 하지만 다른 상황에서, 즉 누군가가 그에게 투표권이 있는지 확인할 목적으로 나이를 물었을 때 '만 18세 이상'이라고 답한다면 모호함이 없는 답변이 된다. 한 여행객이 런던 탑으로 가는 길을 물어왔을 때 '템스강 북쪽'이라고 한다면, 매우 모호한 답이다. 반면 애매한 구석은 없다. 목적지에 어떻게 이를 수 있는가에 대해 정확한 정보를 충분히 제공하지 않았을 뿐, 여러 방식으로 해석될 여지를 남긴 것은 아니기 때문이다. 그리고 일반상식 퀴즈에서 런던 탑의 위치를 '템스강 북쪽'이라고 설명한다면 이는 아마 모호함 없이 적절한 것으로 받아들여질 것이다.

모호함은 효율적인 의사소통에 방해가 된다. 때로 사람들은 특정한 행동 방침에 대한 공언을 피하고자 모호한 말속임을 사용한다. 한 정치인이 공공 기금을 어떻게 절약할 것인지 질문을 받았다고 하자. 그는 기금 활용의 효율성을 향상시킬 필요가 있다는 당연한 말로 모호한 일반화를 만들고, 이를 통해 앞으로의 구체적 방침에 대한 공언은 피할 수 있다. 그 자리에 예리한 기자가 있다면, 구체적으로 어떻게 효율적인 자금 운영을 이루어낼 것인지 물으며 그를 압박할 것이다. 이는 모호함의 장막으로부터 그를 끌어내려는 것이다. 또는 누군가가 약속 장소에 가던 중 술을 한잔하며 쉬었다가 가느라 정해진 시간보다 늦었다고 해보자. 늦은 이유를 상대방에게 사실대로 밝히고 싶지 않다면 "죄송합니다. 오는 중에 잠깐 일이 생겼는데, 처리하는 데 생각보다 시간이 오래 걸렸습니다" 정도로 말할 것이다. **사실 축소**를 통해 지각의 구체적인 이유를 모호하게 얼버무리는 것이다.

몽매주의 obscurantism

※ 부적절한 은어; 심오한 척

무관한 것 irrelevance

안건과 직접적 관계가 없는 문제를 끌어들여 논점을 그에 대한 것으로 바꿔버리는 것

이것이 일종의 전략으로 사용될 때는, 단도직입적인 질문에 대한 직접적 답변을 회피하는 **정치인의 대답**이 된다. 또한 이는 **말린 청어 놓기**나 **인신공격**, 부적절한 맥락에서의 **일화적 증거** 때문에 발생하기도 한다. 그리고 좀 더 흔하게는 주의력이 부족해서, 즉 단순히 정확한 논점을 파악하지 못한 결과로 나타난다.

예컨대 학교에서 음악이 필수과목이 되어야 하는지의 토론에서, 누군가가 자신의 조부가 피아니스트였다고 말하는 것이다. 이와 관련해 어떤 논증이 더 펼쳐지지 않는다면 이 사실 자체는 토론의 주제와 무관한 것이다. 어쩌면 그런

사실을 언급한 것은, 그의 조부는 필수과목으로서 음악 수업으로부터 배운 것이 전혀 없었음에도 피아니스트가 될 충분한 기술을 익혔다고 말하기 위함이었을지 모른다. 하지만 그렇게 말한다고 해도, 음악을 필수과목으로 만드는 것이 오직 숙련된 음악가를 만드는 방법으로 삼으려는 것임이 확정되지 않는다면 이는 여전히 무관한 내용이다. 이 사례는 무관한 **전제**를 포함하는 것이며, 다른 경우에는 주장된 **결론**이 무관할 수 있다.

예를 들어 스포츠 시설의 화재예방설비에 대한 토론 중에 나온 어떤 논증이, 인플레이션을 감안해도 지난 10년간 대부분의 스포츠 경기에서 티켓 값이 높이 뛰었다는 결론을 내린다고 생각해보자. 이 결론은 과녁을 아주 정확히 벗어난 것이다. 하지만 대화나 토론 상황에서 누군가가 주장한 결론이 논점과 전혀 관련이 없다는 것을 깨닫는 데는 다소 시간이 걸리기도 한다.

무관한 추론 non sequitur
앞선 전제들로부터 결론이 논리적으로 따라 나오지 않는다는 말

'non sequitur'는 라틴어로 '따라 나오지 않는다'는 뜻인데, 영어에서 자주 쓰인다. 정확하게 대치되는 영어는 없다. 무관한 추론은 결론이 터무니없을 때 아주 쉽게 파악된다. 예를 들어 대부분의 고양이가 우유를 좋아하고, 일부 고양이

는 꼬리가 있다는 사실로부터 데이비드 흄David Hume은 영국의 가장 위대한 철학자라는 결론이 도출되지는 않는다. 이는 결론이 참인지 거짓인지와 관계없이 거의 초현실주의적으로 완벽하게 무관한 추론이다. 무관한 추론은 때로 '따라서'나 '그러므로' 같은 말이 잘못 쓰이면서 발생한다(※ **비논리적인 '그러므로'와 비논리적인 '따라서'**). 물론 그런 어휘들 없이 문맥에 의해서 전제로부터 결론이 도출될 때도 발생한다.

모든 **형식적 오류**는 무관한 추론을 포함하지만, 무관한 추론인지 아닌지를 앞서 든 예처럼 분명하게 알 수 있는 것은 아니다. 형식적 오류는 정의상 부당한 형식의 논증을 말하는데(※ **타당성**), 결론이 전제로부터 바르게 도출되지 않음을 달리 말하는 것이라고 할 수 있다.

어떤 진술들은 얼핏 보았을 때 무관한 추론처럼 보이지만, 더 자세히 들여다보면 진술되지 않은 **가정**으로부터 결론이 도출되는 것으로 드러나기도 한다. 예를 들어 누군가가 "식사에 고기가 포함되어 있다. 따라서 당신은 이것을 먹지 말아야 한다"라고 말하는 경우를 생각해보자. 이는 주어진 전제로부터 도출되지 않는 결론을 내린 것처럼 보인다. "당신은 이것을 먹지 말아야 한다"라는 결론은 "식사에 고기가 포함되어 있다"라는 사실만으로 결코 이끌어낼 수 없는 결론이기 때문이다. 그러나 화자가 여기서 "당신은 채식주의자다"라는 진술되지 않은 전제를 가정한 아주 합리적인 상황일 수도 있다. 그런 경우라면 화자의 결론은 결코 무관한 추론이 아니며, 그보다는 숨은 전제를 포함한 논증인 **생략추리법**이라고 보아야 한다. 실제 토론에는 무관한 추론으로 보이는 것이 자주 섞여 있는데, 자세히 들여다보면 결국은 공유하는 **가정**으로부터 도출되는 것들이다. 하지만 정말 무관한 추론도 흔하긴 마찬가지다. 그 대부분은 부주의 혹은 **소망적 사고** 때문에 발생한다.

무모순성의 원리 principle of non-contradiction
※ 모순

무지에 의한 증명 proof by ignorance
믿음에 반대되는 증거가 부족하다는 점을 그 믿음이 참이라는 근거로 취급하는 비형식적 오류

어떤 입장을 반대하는 증거를 모른다고 해서 그 증거가 있을 수 없다는 것이 증명되지는 않는다. 기껏해야 간접적으로 지지할 뿐이다. 예를 들어 텔레비전을 통해 폭력적인 것을 본 아이들이 그렇지 않은 아이들에 비해 폭력적 성향을 보인다는 주장이 끊임없이 제기되지만, 이를 뒷받침하는 결정적 증거는 아직 제시되지 않았다. 이것은 그리 놀랄 일이 아닌데, 그 인과적 연관성을 드러내기에는 통제되어야 할 변수가 너무 많기 때문이다(※ **상호관련성과 인과관계의 혼동**).

그러나 이와 같은 증거 부족을 근거로 텔레비전의 폭력적인 내용을 시청한 아이들이 시청하지 않았을 때보다 더 폭력적으로 되지는 않는다고 결론을 내려서는 안 된다. 왜 그렇게 결론을 내릴 수 없는가에 대한 설명은 간단하다. 증거가 부족하다는 바로 그 점이 정반대의 주장, 즉 텔레비전의 폭력적 내용을 시청한 아이들이 그렇지 않았을 때보다 더 폭력적으로 된다는 주장을 '증명'하는 데 근거로 쓰일 수 있기 때문이다. 결정적 증거가 없는 한 두 결론은 모두 **무관한 추론**이다.

비록 누구도 사후세계가 없다는 결정적 증거를 제시하지 못했지만, 이를 사후세계가 있다는 주요 증거로 삼는 것도 매우 성급한 일이다. 똑같이 무지에 의한 증명을 이용해서 죽음의 이후에는 영원한 고통이 있을 수도 있다거나, 죽는 즉시 모두 대벌레로 환생한다고 증명할 수 있기 때문이다.

무지에 의한 증명이 진짜 증명이라고 믿고 싶은 유혹은 일부 법정에서 유죄가 입증될 때까지는 무죄로 추정한다는 사실에서 비롯된 면이 어느 정도 있다. 다시 말해, 어떤 사람이 유죄라는 증거가 부족하면 법원은 그가 죄를 저지르지 않았다는 증명으로 받아들인다. 그러나 죄가 있는데도 증거 부족으로 풀려나는 많은 경우들을 보면 알 수 있듯이, 이것이 정말로 죄가 없다는 사실을 증명하는 것은 아니며, 무고한 사람에게 잘못된 선고가 내려지는 것을 막기 위한 부정확하지만 실용적인 방법이다.

미끄러운 비탈길 논증 slippery slope argument

특정 방향으로 작게 움직인다면, 그 방향으로 훨씬 더 크게 움직이게 되는 것을 막기가 아주 어렵거나 불가능하다는 전제에 의존하는 논증(※ 도미노 효과)

미끄러운 비탈길에서는 아래쪽으로 한 걸음만 내딛으려 해도, 비탈길의 맨 아래에 닿을 때까지 가속도로 미끄러질 것을 각오해야 한다. 그리고 내려갈수록 도중에 멈추기는 점점 어려워지고, 어느 순간부터는 결코 멈출 수 없을 것이다. 이런 미끄러운 비탈길의 비유는, 상대적으로 해가 없는 관행을 용인한다면 매우 바람직하지 않은 관행까지 불가피하게 합법화하는 것이라고 명시적으로든 함축적으로든 설득하는 목적으로 사용된다.

예를 들어 누군가가 안락사를 합법화할 경우, 첫발을 딛는 순간 비탈길에 미끄러져 살인이나 심지어 학살처럼 도덕적으로 혐오스러운 관행의 밑바닥까지 이르게 된다고 주장하는 데 미끄러운 비탈길 논증을 사용할 수 있다. 이처럼 불쾌한 사실이 그 도착점에 있는 것으로 가정되면, 그에 대한 대책이나 계획이 마련되지 않는 이상 비탈길에 첫발을 내딛으면 안 된다고 주장된다. 그리고 안락사를 반대하는 데 쓰이는 미끄러운 비탈길 논증은 끔찍한 선례를 인용해 그 힘을 배가할 수 있다. 나치의 대량학살 기술이 처음에는 일종의 안락사 형태로 실험되었다는 사실이 그것이다. 이 논증에 따르면 우리가 지금 어떤 형태로든 사람을 죽이는 일을 합법화할 경우, 용인되기 힘든 형태의 죽임을 합법화하는 미끄러운 비탈길로 절망적인 발걸음을 내딛는 것이며, 그 끝에는 살인의 허가 또는 그 이상의 참상이 있으리라는 것이다.

이 유형의 논증은 얼마간의 효력은 있지만, 정확히 판단하려면 비탈길을 내려가는 일이 불가피하다는 주장을 폭넓게 살펴보아야 한다. 미끄러운 비탈길이 있다는 주장만으로는 논증으로서 충분하지 못하다. 미끄러운 비탈길 논증은 전형적으로, 우리가 비탈길에서 얼마나 내려갈 것인지 스스로 결정할 수 있는 경우가 많다는 사실을 애써 감춘다. 비탈길에 따라 우리는 중간의 어느 지점에 멈춰 "여기까지만"이라고 말할 수 있으며, 자력으로 내려가는 것을 멈출 수 있다. 그리고 이렇듯 임의로 멈추는 것에 대해 합당한 이유를 만들 수도 있다(※ **선 긋기**). 미끄러진다는 것에 내려가는 일이 불가피하다거나 통제를 잃을까 봐 두려워한다는 비유가 있는 이상 이러한 가능성은 허용되지 않는다. 이 비유는 무력감의 이미지를 만들어내는데, 이는 적절하지 않을 수 있다. 최악의 시나리오를 향해 내려가는 것이 결코 피할 수 없는 일이 아닌데도, 미끄러운 비탈길 논증은 때로 그 사실을 숨기는 **수사법**으로 쓰인다.

이런 수사법이 극단적으로 사용되면 터무니없게 쓰이는 경우가 흔하다. 우리가 무언가를 먹기 시작한다면 점점 더 먹게 되어 마침내 모두 비만이 된다거나, 작은 선의의 거짓말 하나를 한다면 그 결과로 매국노가 되리라는 것이나, 작은 시술을 마취 없이 하도록 허용한다면 결국 마취 없이 생체 해부를 하도록 허용하게 되리라는 식이다. 논증의 구조는 같지만 이와 같은 사례들이 지나치게 과장되었다고 할 수 있는 이유는 간단하다. 비탈길에 발을 디디면 너무 미끄러워 원치 않는 결과가 나타난다고 하기에는, 뒷받침되는 정보가 부족하기 때문이다. 비탈길마다 그 경사와 미끄러운 정도가 다르며, 대부분의 경우 끝에 이르기 전 내려가는 것을 멈출 방법이 있다. 비록 어떤 비탈길에서는 통제를 유지하기 어렵기도 하지만, 그런 경우에도 대부분은 너무 늦기 전에 몸을 던져서라도 멈출 기회가 있기 마련이다.

지금까지 말한 미끄러운 비탈길은 내려감이 불가피하다는 주장이 **경험적**으로 사실인지에 전적으로 의존한다. 그리고 어떤 미끄러운 비탈길 논증은 특정 방향으로 작게 움직이는 게 정당화된다면 그런 작은 움직임을 여러 번 하는 것 역시 어떻게 정당화되어야 하는지에 대한 논리적 관점에 의존한다(**※ 선 긋기**).

때로는 쐐기 끝의 비유가 미끄러운 비탈길의 비유를 대신한다. 바위의 갈라진 틈에 쐐기 끝이 한번 박히면 그것은 점점 깊이 들어가고, 다시 빼내기가 더욱 어렵게 되다가 마침내는 바위를 쪼갠다는 것이다. 비탈길의 비유는 통제를 잃는 일을, 쐐기 끝의 비유는 되돌릴 수 없음을 주로 시사한다. 그러나 두 경우 모두 불가피하다는 말은 현재 논의되는 문제에 적합하지 않을 수 있기 때문에, 이런 비유는 논증이 아니라 그저 수사법적 설득일 수도 있음에 유의해야 한다.

'미끄러운 비탈길'이라는 용어는 거의 대부분이 옹호하는 쪽보다는 비판하는 쪽에서 사용하며, 상대방의 논증을 우스꽝스럽게 만드는 수사법적 장치로 사용하는 경향이 있다(※ **허수아비 공격하기**).

민주주의의 오류 democratic fallacy

투표를 통해 확인된 다수 의견을 모든 문제에서 진실이자 신뢰할 만한 지침으로 여기는 신뢰성 없는 추론 방법

비형식적 오류의 일종이다. 정치 체제로서 민주주의는 광범위한 정치 참여를 보장하는 동시에 독재를 방지할 수 있다는 측면에서 무척 바람직하다. 하지만 삶의 영역은 다채롭고, 그중에는 다수 의견으로 방침을 결정하기에 지극히 부적합한 것도 많다. 그런데도 어떤 사람들은 민주주의의 오류에 빠져서 가능한 모든 문제를 투표에 부쳐 결정하려 하고, 그것이 언제나 최선의 결정을 내릴 수 있는 방법이라고 순진하게 믿는다. 그러나 어떤 투표에 참여한 사람의 대다수가 투표에 부쳐진 그 문제에 아주 무지하다면, 투표 양식에 반영되어 나타날 것이다.

예를 들어 비행기 조종사가 악천후로 인한 비상착륙을 고려할 때, 그 결정을 승객들의 투표로 결정하려 한다면 이는 분명 문제가 있다. 결과가 어떻게 나오든, 위험성에 대한 진단과 예상 결과를 둘러싼 지식에 올바로 근거한다고 볼

수 없기 때문이다. 조종사의 입장에서 이는 중요한 결정을 내려야 한다는 책임을 회피하는 일이기도 하다. 모든 중요한 문제를 투표로 결정하려는 사람들은 민주적 절차를 책임 회피의 수단으로 이용하기도 한다. 한편으로 이는 민주적 절차를 거치면 자신은 책임져야 하는 입장에서 벗어날 수 있을 것이라는 **소망적 사고**를 담고 있다. 즉, 민주주의의 가치라는 것도 상황에 따라 달라질 수 있다. 민주주의를 적용하기에 부적합한 문제와 경우도 있으며, 이때 일반적으로 필요한 것은 그냥 다수가 아니라 그 문제를 잘 알고 있는 다수다.

(ㅂ)

반 고흐 오류 Van Gogh fallacy
소망적 사고가 결합된 신뢰성 없는 약한 유비의 논증 형식

다음의 경우에서 이름을 따왔다.

> 반 고흐는 가난했고 생전에 인정받지 못했지만, 현재는 위
> 대한 예술가로 인정받는다. 그리고 나는 현재 가난하며 인
> 정받지 못하고 있다. 따라서 나 역시 후에 위대한 예술가로
> 인정받을 것이다.

부당한 논증임은 명백하다. 그럼에도 **소망적 사고**가 결합된
이런 생각은 특히 힘들게 분투하고 있는 예술가들에게 매
혹적인 사고가 될 수 있다. 이 논증은 대개 직접적으로 표
현되기보다는 살아가며 행동하는 방식 속에 스며들어 영향
을 끼친다. 동일한 형식의 논증이 다른 맥락에서 발생하기
도 한다. 다음과 같은 예가 있다. "믹 재거Mick Jagger*와 나는

---

* 영국의 유명 록 밴드 롤링 스톤스의 리더.

같은 초등학교를 나왔다. 믹 재거가 후에 큰 성공을 했으니, 나도 큰 성공을 할 것이다."

반 고흐 오류의 문제는 가난하고 인정받지 못하는 사람의 수가 위대한 예술가나 록 스타보다 훨씬 많다는 것이다. 그런 사람과 몇몇 일상적인 특징을 공유한다고 해서 그의 재능이나 성공 가능성도 함께 공유된다는 보장은 없다. 이런 추론은 오직 그 공유된 특징이 그들의 성공과 일대일의 상호관련성이 있을 때만 가능하다(※ **상호관련성과 인과관계의 혼동**). 그리고 설령 그렇더라도, 이번에는 그 특징을 공유하는 사람 모두가 성공한다는 보장이 없다는 사실에 마주하게 된다. 결국 논증에서 주어진 전제들로부터는, 가난하고 인정받지 못한다는 사실이나 누군가와 같은 초등학교를 나왔다는 사실이 성공 가능성을 배제하지 않는다는 것 외에 특별히 도출해낼 수 있는 결론이 없다.

반 고흐 오류에 의존하는 것에 문제가 있다는 점은 그것을 다른 형태로 만들어보면 쉽게 확인할 수 있다. "베토벤은 심장과 척추를 가졌고 위대한 작곡가였다. 나도 심장과 척추를 가졌으니 위대한 작곡가가 될 것이다." 이 형식을 보았을 때 반 고흐 오류가 약한 **유비**에 전형적으로 의존한다는 것이 분명해진다. 어떤 인물을 위대하게 만든 특징과 관련이 없는 어떤 특징을 닮았다고 해서 그 위대한 인물과 다른 면(특히 그를 위대하게 만든 점)에서도 닮았을 것이라 말할 수는 없다.

반대 contraries
동시에 참일 수는 없지만, 동시에 거짓일 수 있는 두 문장의 관계

두 문장이 서로를 부정하기 때문에, 동시에 참일 수도 동시에 거짓일 수도 없는 **모순**과는 구분되어야 한다.

예를 들어 "조정은 전반적인 건강에 가장 좋은 스포츠다"와 "수영은 전반적인 건강에 가장 좋은 스포츠다"라는 두 문장은 반대 명제다. 그들은 동시에 참일 수 없다. "전반적인 건강에 가장 좋은 스포츠"가 복수일 수는 없기 때문이다. 둘 중 한 문장이 참이라면, 다른 하나는 거짓이다. 그러나 둘 다 거짓일 수는 있다. 예를 들어 복싱이 전반적인 건강에 가장 좋은 스포츠라고 밝혀진다면 두 문장은 모두 거짓이 된다. 따라서 이 두 문장은 서로 모순되지는 않는다. 반면 "조정은 전반적인 건강에 가장 좋은 스포츠다"와 "조정은 전반적인 건강에 가장 좋은 스포츠가 아니다"라는 두 문장은 직접적으로 모순되는 문장이다. 만약 누군가가 "수영은 전반적인 건강에 가장 좋은 스포츠다"라고 분명하게 말한다면, 그 문장은 조정이 전반적인 건강에 가장 좋은 스포츠가 아님을 함축한다. 그러면 이 함축된 문장은 "조정은 전반적인 건강에 가장 좋은 스포츠다"라는 문장과 모순된다.

반례 counterexample

일반화를 논박하는 특정 사례

일반화는 단 하나의 예외라도 존재하면 거짓이 되기 때문에 반례를 내세우는 것은 일반화된 주장을 공격하는 데 아주 효과적이다. 특히 **성급한 일반화**를 무너뜨리려 할 때 큰 도움이 된다.

예를 들어 누군가가 "모든 의사는 악필이다"라는 성급한 일반화를 만든다면, 그 입장을 논박하는 일은 글씨를 반듯하게 잘 쓰는 의사를 단 한 명만 제시하는 것으로 충분하다. 이런 포괄적인 진술은 논박하고 싶다면 반례를 찾아보라고 알려주는 것이나 다름없다. 마찬가지로 누군가가 "역사상 위대한 여성 과학자는 한 명도 없었다"라고 주장했다면, 그 일반화를 반박하는 것은 마리 퀴리Marie Curie 단 한 명을 언급하는 것만으로도 충분해서, 위대한 업적과 관련해 이름을 논할 수 있는 많은 여성 과학자들을 평가하고 열거할 필요조차 없다.

주어진 반례가 그 일반화의 핵심을 찌르는 것이라면, 공격받은 사람이 취해야 할 합리적인 선택은 기존의 일반화를 포기하거나 정정하는 것이다. 단순히 **임시조항**을 덧붙이는 것도 정정하는 방법 중 하나지만, 그것만으로는 불충분한 경우가 많다. 또 대부분의 경우에는 명시되거나 함축된 '모든'이라는 말을 '많은' 혹은 '일부'로 바꾸면, 원래 문장과 달리 단일한 반례로 녹다운되는 일은 피할 수 있다(※ **규칙**

을 증명하는 예외; 녹다운 논증).

발생론적 오류 genetic fallacy

'x는 y로부터 발생한 것이므로 x는 분명 y와 어떤 특징들을 공유한다'라는 형태의 비형식적 오류

이 추론은 보통 노골적으로는 아니고 넌지시 제시된다. 어떤 파생물과 그 기원은 발생적으로 연결되었다는 점 외에는 아무 관련이 없는 경우도 많기 때문에 이는 신뢰할 만한 추론이라 볼 수 없다. 무엇이 다른 것에서 발생했다는 사실로부터 그 기원이 되는 것과 중요한 특징을 공유하리라는 결론이 도출되지는 않는다.

단적인 사례를 통해 이런 방식의 추론이 왜 잘못되었는지 알아보자. 닭은 계란에서 나오지만 다 자란 닭을 떨어뜨린다고 깨지지 않으며, 닭으로 계란과자를 구울 수도 없다. 책은 나무를 원재료로 삼아 만들어지지만, 물을 주거나 흙으로 덮는다고 책이 자라나지는 않는다.

철학자 프리드리히 니체는 《도덕의 계보》에서 종종 이런 오류를 범했다. 이 책에서 그는 도덕의 핵심 개념들이 분노와 자기혐오에서 기원한다고 본다. 몇몇 이타적 감정의 역사적 기원을 지적함으로써 그것들이 기독교 윤리 내에서 점하는 숭고한 지위를 깎아내리기 위해서였다. 하지만 그런 개념들의 기원을 둘러싼 그의 주장이 옳더라도, 그 기원 때

문에 오늘날 그 감정들의 중요성이 경감되어야 하는 것은 아니다.

월버포스Samuel Wilberforce 주교는 찰스 다윈Charles Darwin 의 진화론을 반박할 때 **수사법**적 효과를 위해 발생론적 오류를 이용했다. 그는 다윈의 지지자인 토머스 헉슬리Thomas Huxley와의 공개 토론회에서 당신의 할머니와 할아버지 중 어느 쪽이 원숭이에 가까운지 조롱하듯 물었다. 이 주장에 함축된 내용은 만약 헉슬리가 원숭이로부터 왔다면 조부모의 한쪽 혹은 양쪽은 눈에 띄는 원숭이의 특징을 지녔으리라는 것이다. 이는 진화론을 터무니없는 결과를 유도하는 주장으로 만들어 **논박**하려던 것이다(※ **터무니없는 결과 유도하기**). 하지만 이는 적어도 두 가지 점에서 잘못되었다. 첫째, 그것이 다윈의 관점을 정확히 반영한 것은 아니라는 점이다(※ **허수아비 공격하기**). 다윈의 주장은 인간의 직속 조상이 원숭이라는 것이 아니라 유인원과 비슷한 생물이라는 것이기 때문이다. 그는 진화의 과정이 점진적으로 서서히 발생하기에 몇 세대 만에 이루어지는 것이 아니라 수천 년 동안 진행된다고 보았다. 월버포스가 범한 두 번째 잘못은 그보다 근본적인 것으로, 무엇이 원숭이로부터 왔다면 그것은 반드시 원숭이와 같을 것이라는 **가정**이다. 인간의 정체성은 조상이 아니라 후손의 본성에 의존한다.

사람들은 어떤 단어의 현재 의미를 검토하려는 의도로 그 기원을 살피는 과정에서 발생론적 오류를 저지르기도 한다(※ **어원학적 오류**). 이런 경우, 그리고 어쩌면 대부분의 경우에서 발생론적 오류가 포함하는 기원과 파생물 간에 중요한 연결이 있다는 것이 사실일 수도 있다. 그렇지만 단순히 발생론적으로 관계가 있다고 해서 그런 연결이 정말로 있다는 것이 보장되지는 않는다.

변명 excuses

※ '그건 내게 어떤 해도 끼치지 않았습니다'; '다들 그렇게 합니다'; 소망적 사고; 합리화

변호사의 대답 lawyer's answer

직접적인 질문에 대해 어느 정도는 정확한 사실을 말하되 오도하는 대답

여기서 오도는 대개 고의적으로 이루어진다. 이런 답을 주는 행동은 **거짓말**처럼 노골적이지는 않더라도, **사실 축소**가 그렇듯이 도덕적으로는 거짓말과 동등할 수 있다. 그 의도나 실제 효과에서 거짓말과 별반 차이가 없기 때문이다. 이러한 기술에 변호사의 대답이라는 이름을 붙인 것은, 실제로 변호사들이 예민한 문제에 관한 질문을 받았을 때 이런 식으로 답하곤 하기 때문이다. 법적인 결정 사항은 어휘의 엄밀한 해석이나 아주 세부적인 내용에 따라서도 좌우되는 경우가 많기 때문에, 변호사는 자기 자신 또는 의뢰인이 유

죄로 보이지 않도록 매우 노련하게 단어를 선택하고 문장을 구성한다. 그러면서 주어진 질문에 답을 하거나, 아니면 적어도 답하는 것처럼 보이게끔 한다. 물론 모든 변호사가 언제나 이렇게 주의를 돌리는 식으로 말하지는 않으며, 변호사만 이런 화법을 사용하는 것도 아니다(※ **'어떤'과 '모든'의 혼동**). 공인들 또한 민감한 질문을 받을 때 거짓말은 하지 않으면서도 직접적인 답변을 피하기 위해 이 기술을 자주 사용한다.

예를 들어 미국의 빌 클린턴Bill Clinton 전 대통령은 자신과 스캔들 의혹이 있던 인턴 모니카 르윈스키Monica Lewinsky와의 관계를 묻는 질문에, "나는 그 여성, 르윈스키 씨와 성관계를 맺지 않았습니다"라고 답했다. 이 진술이 참인지는 문장 속의 '성관계'가 정확히 무엇을 의미하는가에 달려 있다. 나중에 밝혀진 바에 따르면 클린턴은 르윈스키와 구강성교를 했었고 그의 정액이 르윈스키의 옷에 묻기도 했지만, 그들의 행위는 삽입을 포함한 완전한 과정의 성교는 아니었기 때문이다. 클린턴은 자신의 대답에서 '성관계'라는 단어를 '완전한 성교'와 동의어로 쓰는 동시에, 질문자에게는 '모든 종류의 성적 상호작용'으로 받아들여질 것을 의도하는 교묘한 속임수를 쓴 것이다. 결과적으로 그는 (그에게 더욱 심각한 법적 응보를 가져올 수 있는) 노골적인 거짓말을 하는 것은 피했다.

'약간의 사실이 담긴 말을 이용해 고의적으로 오도하는 일'이 직접적인 거짓말에 비해 악의가 덜한 것이라고 생각한다면, 변호사의 대답으로 곤란한 상황을 모면하는 것은 좋은 선택이 될 수 있을 것이다. 아울러 대개의 경우에서 이런 속임수는 노골적인 거짓말에 비해 증명해내기가 어렵다.

복합 질문 complex questions
겉보기에는 단순한 질문 같지만, 사실은 동시에 여러 가지를 묻는 유형의 질문

복합 질문을 사용하는 것은 때때로 여러 질문의 오류라는 **비형식적 오류**로 알려져 있다. 이는 흔히 현재 논점이 되는 주제에 대해 어느 한쪽으로 미리 가정해버리는 **선결문제 요구의 오류**이기도 하다. 복합 질문을 받았을 때 질문자가 **가정**하는 것을 받아들이지 않고서 즉각 대답하기는 굉장히 어렵다. 때로는 어리숙한 사람을 속여 일종의 고백이나 명백한 자백을 하게 만들기 위해 고의로 이런 식의 질문을 던지기도 한다.

예를 들어 만약 누군가가 "약물 복용을 그만둔 것은 언제인가요?"라고 묻는다면, 이는 상대방이 약물을 복용한 적이 있다고 함축함으로써 그것을 인정하게 하려는 술책일 수 있다. 만약 질문 상황에서 그가 약물을 복용한 적이 있다는 사실이 아직 확실시되지 않았다면, 이러한 복합 질문 대신 그것이 함축한 세 개의 개별적 질문들로 나누어 물어야 마땅하다.

1. 약물을 복용한 적이 있나요?

2. 그렇다면, 지금은 약물 복용을 그만두었나요?

3. 그렇다면, 약물 복용을 그만둔 것은 언제인가요?

첫 번째와 두 번째 질문에 대한 답이 확실시되지 않은 채로 이러한 복합 질문을 던진다면, 이때 '약물 복용을 그만둔 것은 언제인가요?'라고 묻는 것은 선결문제를 요구한다.

기자는 인터뷰 중 시간을 절약하기 위해 유명 작가에게 "소설가가 되려고 결심한 것은 언제인가요?"라는 복합 질문을 던질 수 있다. 그러나 작가는 소설가가 되리라고 결심한 적이 전혀 없었을 수도 있는데(그럴 필요가 없으므로) 소설가가 되겠다는 결심을 실제로 했다고 가정한다는 점에서 이 질문은 분명 선결문제를 요구하는 것이다. 기자의 이 질문은 좀 더 단순한 다음의 질문들로 분해될 수 있다.

1. 소설가가 되리라는 결심을 했었나요?

2. 그렇다면, 그건 언제였죠?

제시된 앞의 두 사례들에는 "저는 약물을 복용한 적이 없는 걸요"와 "딱히 소설가가 되겠다고 결심한 적은 없어요"라고 답함으로써 질문으로부터 쉽게 벗어날 수 있다. 그러나 복합 질문 중에는 이렇게 간단히 답하고 빠져나가기 어려운 것도 있다. 예를 들어 부모가 자녀에게 "너 계속 그렇게 고삐 풀린 망아지마냥 있을래, 아니면 하루에 30분씩은 숙제를 하는 게 낫다는 걸 이제 그만 받아들일래?"라고 말했다고 하자. 이 질문에 자녀가 자신이 고삐 풀린 망아지마냥 행동해왔고 앞으로도 그렇게 하겠다는 것과, 하루에 30분씩은 숙제를 하는 게 낫다고 받아들이는 것 중에 선택해야 함을 인정하고 있지 않다면, 짧게 답하는 것은 거의 불가능하다. 우선, 부모는 **잘못된 이분법**을 사용하고 있다. 이 복합 질문에는 제시되지 않은 다른 선택지도 있다. 이는 "난 고삐 풀린 망아지마냥 행동한 적도 없고, 앞으로도 안 그럴 거예요. 물론 적어도 하루에 30분씩 숙제를 하는 게 낫다고 받아들이지도 않아요"라는 답인데, 보는 바대로 무척 장황하다. 그러나 자녀가 질문의 구성 성분들을 이처럼 따로 언급하지 않는다면, 속임수에 빠져서 부모의 **가정**에 암묵적으로 동의하게 되기 쉽다.

복합 질문이 동시에 유도신문일 때도 있지만, 그 둘은 분명 다르다. 유도신문은 상대방이 해야 할 대답을 화자가 미리 제시하는 질문이다. 그런 방식의 질문은 일상에서 딱히 문제가 되지는 않지만, 법정에서는 결코 용납되지 않는다.

부당성 invalidity

※ **타당성; 형식적 오류**

부적절한 은어 jargon

특정 직업이나 관심 영역을 공유하는 사람들 사이에서 형성되는 일종의 비밀스러운 표현

대체로 언어가 불필요할 정도로 이해하기 어렵다는 것을 나타내기 위해 경멸적인 의미로 쓰인다. '전문용어'라는 말은 특정 전문 분야에서 효과적인 의사소통을 위해 사용되는 용어를 지칭하지만, '부적절한 은어'는 다르다. 같은 어휘도 맥락에 따라 부적절한 은어가 되기도, 전문용어가 되기도 한다.

예를 들어 컴퓨터 매뉴얼은 '바이트', '램 디스크', '하드웨어 흐름 제어' 등 부적절한 은어로 가득 차 있다. 이것이 부적절한 은어로 치부되는 이유는 간단하다. 설명서는 일반 독자를 대상으로 하지만, 컴퓨터에 대한 지식이 전혀 없는 독자들은 이런 어휘들을 접할 때 혼란을 느끼기 때문이다. 컴퓨터 전문가를 위한 매뉴얼에서는 그런 어휘들이 단순한 전문용어가 될 것이며, 아주 적절한 자리를 찾아 사용되었다고 봐도 좋다. 매뉴얼 작성자는 일반 독자들이 컴퓨터 용어에 대해 느끼는 난해함을 인지하지 못한 것이다.

철학자들도 새로운 은어를 많이 만들어내곤 한다. 개중에는 현대의 언어로도 완벽히 번역될 수 있는 것에 굳이 라틴어로 이름을 붙인 경우도 있다. 예를 들어 'mutatis mutandis'는 '필요한 부분만 약간 수정하여'라는 뜻이고, 'prima facie'는 '얼핏 보았을 때'를 뜻한다. 이처럼 부적절한

은어는 일부 철학자들이 자신의 작업을 실제보다 중요하고 어려워 보이게 만드는 도구가 되기도 한다(※ **연막**). 그런 글들을 이해하려면 어쨌든 은어의 의미에 대한 이해가 선행되어야 하기 때문이다.

대학교수처럼 자기들끼리 의사소통하는 폐쇄된 그룹에서 부적절한 은어는 빠르게 자리 잡는다. 불행히도 이런 경향은 논의되는 주제를 그와 관련된 은어의 의미에 접해보지 못한 사람들로부터 흔히 동떨어지게 만든다(※ **신언어**).

부적절한 정밀도 inappropriate precision
정보나 수치에 필요 이상으로 과도하게 정밀을 기하는 것

광고주들은 제품에 대한 자신들의 주장을 입증하려고 다양한 설문조사 결과를 사용한다. 하지만 그런 조사 결과에 제시된 수치들은 그 정확도에서 근거가 부족한 것도 있고, 따져보면 매우 부당한 것도 빈번하다.

예를 들어 어떤 세제 회사가 특정 제품이 다른 회사의 제품들보다 옷을 깨끗하게 세탁한다는 데 95.45퍼센트의 성인이 동의했다고 주장한다면, 이는 적절치 못한 발언이다. 우선 그들이 모든 성인을 조사 대상으로 했으리라고는 생각할 수 없다. 이는 분명 적은 표본에 대한 조사였을 것이다. 또한 그렇게 도출된 수치를 전수에 대한 것으로 확장해 적용하는 것은 적절치 못하다. 회사가 온당한 범위에서 말

할 수 있는 최선은 "질문을 받은 사람의 95퍼센트 이상이, 이 세제가 다른 회사의 제품들보다 깨끗하게 세탁한다는 데 동의했다"라는 것이다. 설령 전인구를 대상으로 조사했어도, 소수점 아래 둘째 자리까지 결과를 내는 것에는 문제가 있을 수 있다. 그런 행위는 해당 조사가 높은 과학적 정확도를 반영한다는 인상을 주기 위함이다. 이런 부적절한 정밀도는 대부분 비과학적인 면을 숨기려는 의도로 제시된다.

이런 사이비 정밀도는 대개 **수사법**의 면모를 지닌다. 이는 상대방이 특정 결론을, 그리고 그것이 높은 과학적 정밀도로 뒷받침되고 있음을 믿도록 설득하려는 수단이기 때문이다. 따라서 그런 의도가 파악되었을 때는 오히려 거부감과 역효과를 동반한다.

부정 repudiation

※ 논박

비교 comparing like with like

※ 비유사성; 유비논증

비논리적인 '그러므로'와 비논리적인 '따라서'
spurious 'therefore' and spurious 'so'

상대방을 설득하기 위해 증명되지 않은 것을 증명된 것처럼 보이게 만들 목적
으로 사용된 '그러므로'나 '따라서'와 같은 말

'그러므로' 또는 '따라서'는 대개 **논증**에서 명시적으로든 함
축적으로든 도출된 것이 **결론**임을 가리키기 위해 사용된다.
다음의 논증에서 '그러므로'는 제시된 **전제**들로부터 **연역**을
통해 도출된 것이 결론임을 가리키며 알맞게 사용되었다.

모든 물고기는 물에서 산다.

소크라테스는 물고기다.

그러므로 소크라테스는 물에서 산다.

'그러므로' 대신 '따라서'를 사용할 수도 있다. 일상적인 대
화에서는 대화 상대와 많은 **가정**을 공유한다고 봐도 무방
하며, 그렇다면 논증의 모든 전제들을 열거하는 것은 사실
상 지루하고 불필요한 일이 된다. 그런 만큼 앞의 예시처럼
모든 전제를 말하는 것이 아니라 "소크라테스는 물고기입
니다. 그러니까 당연히 물에서 살죠"와 같은 식으로 말하게
된다. 이는 숨은 전제("모든 물고기는 물에서 산다")를 포함한
논증인 **생략추리법**이다. 이때 일부 전제가 언급되지 않았다
고 해서 논증이 잘못된 것은 아니다.

그러나 어떤 사람들은 '그러므로'와 '따라서'라는 말의 설

109

득적인 힘을 남용해, 글 곳곳에 그런 단어들을 흩어놓는다. 정작 결론이라고 할 수 있는 내용을 도출하는 논증은 어디에도 없을 때도 말이다. 이런 행동은 결론을 지지하기 위한 손쉬운 대안으로 생각되고, 깊이 생각하지 않는 독자들은 그대로 받아들인다. 무언가를 결론처럼 보이게 만드는 '그러므로'나 '따라서' 같은 말의 사용이 비논리적이라면 이는 **무관한 추론**이다. 예를 들어 누군가가 "복싱은 때로 뇌 손상을 유발한다. 따라서 금지되어야 한다"라고 말했다고 하자. 여기서 '따라서'라는 말에 이어지는 결론은 서로 다른 여러 숨은 전제들로부터 도출될 수 있다. 가령 "뇌 손상을 유발할 수 있는 모든 활동은 금지되어야 한다"나 "뇌 손상을 유발할 수 있는 스포츠는 금지되어야 한다" 혹은 "만약 복싱이 때로 뇌 손상을 유발한다면 금지되어야 한다"가 그런 숨은 전제일 수 있다. 이런 식으로 끝없이 이어질 수 있는 목록 중에 화자가 결론을 내리는 데 실제 사용한 전제를 식별하기란 불가능하다. 전제가 명시적으로 드러나거나, 맥락을 통해 확실시될 수 있는 때가 아니라면 '따라서'의 사용은 비논리적이라고 봐야 한다. 이는 단순한 **언명**에 논증처럼 보일 수 있도록 가면을 씌우는 것이다. 이는 엉성한 생각이거나, 그게 아니라면 수사법적 장치로 설득하려는 시도다(※ **수사법**).

비유사성 disanalogy

유비를 할 때 비교되는 두 대상이 달라지는 면(※ 유비논증)

유비논증에서 비교되는 대상 간에 심각한 비유사성이 발견되면 그 논증의 위력은 현저히 약화된다.

예를 들어 누군가가 헤로인을 하는 것은 가끔 와인을 한 잔하는 것과 크게 다르지 않다고 설득하려 든다면, 비교 대상 사이에 숨겨진 심각한 비유사성을 지적함으로써 그의 논증을 **논박**할 수 있다. 첫째, 상습적인 음주가 건강에 부담을 준다고 해도 이는 중독성 약물을 섭취하는 부담에 비할 바가 아니다. 둘째, 음주는 합법적이지만 마약은 불법이기 때문에 헤로인을 하는 것은 와인을 마시는 것과 비교했을 때 사회적 관점에서 확연히 다른 위험 부담을 수반한다. 헤로인과 와인의 이러한 비유사성 두 가지는 더 이상의 논증이 없어도 그 대상들의 유사성에 근거한 결론을 흔들어놓기 충분하다.

비교되는 두 대상 간의 비유사성을 지적할 때 난점은 그 비유사성이 현재의 논의와 **관련 있느냐**를 결정하는 데 있다. 비유사성 자체는 사실상 모든 비교 대상 간에 존재하기 때문이다. 상대방의 유비논증을 공격할 때 지적하는 비유사성이 논점과 관련이 없다면 그다지 위협이 되지 못할 것이다.

비일관성 inconsistency

※ 일관성; 위선; 한통속으로 몰아가기

비형식적 오류 informal fallacy

논증에서 발생하는 형식적 오류 이외의 모든 잘못되고 믿을 만하지 못한 논증 형식

구조에서는 완벽히 타당한 형태를 지닌 논증도 비형식적 오류를 포함할 수 있다. 이 책에는 비형식적 오류의 항목이 많다. 예컨대 **어원학적 오류**는 형식에서 타당하지만, 단어의 의미가 늘 원래 의미로 고정될 것이라는 잘못된 전제에 기초하는 경우다. 이 책에서는 어떤 논증의 유형을 오류라고 지적할 때 그것이 형식적 오류인지 비형식적 오류인지 구분했다. '비형식적 오류' 대신에 새로운 용어를 고안해 언어적 애매함을 피할 수도 있었다(※ 애매함). 그러나 이 책에서 설명한 논증 방식이 대체로 오래되어 안정된 이름을 지녔듯이, '오류'라는 명칭도 바꾸면 근본적인 변화가 생기게 되고, 지금보다 훨씬 혼란스러울 수 있다.

일상에서는 '오류'라는 말을 '거짓됨'과 동의어로 사용하곤 하지만, 논리적으로는 결코 그렇지 않다. "우리가 완전 고용을 달성할 수 있다는 것은 오류다"라는 문장이 바로 그런 경우다. 화자가 말하려는 바는, 모두가 직업을 가질 수

있다는 전망은 사실이 아니라는 것이다. 그렇지만 여기에는 오류로 지적될 수 있는 추론의 구조도 기법도 방식도 없다. 화자는 다만 반대되는 견해에 동의하지 않는다는 적대적 관점을 강조하려고 그 용어를 사용한 것이다. '오류'라는 말을 이런 식으로 쓰는 것은 일종의 **수사법**이다. 화자는 단어의 부정적 어감을 교묘히 이용해, 반대되는 견해에 잘못된 생각이 포함되어 있다고 상대방이 생각하도록 유도하는 것이다. 실제로는 동의하지 않는다는 입장 표현에 불과한데도 말이다(※ **애매함의 오류; '그건 오류입니다'**).

사고실험 thought experiment
특정 쟁점을 명확히 할 목적으로 구상된 가상의 상황

때로는 매우 현실성 없이 설정되기도 한다. 철학자 로버트 노직Robert Nozick은 우리가 삶에서 무엇을 가치 있는 것으로 여기는지 가려내기 위해 한 가지 사고실험을 고안했다. '경험 기계'라는 일종의 가상현실 기계로, 원하는 일이 있다면 무엇이든 완벽히 현실처럼 체험시켜주는 가상의 존재다. 현실에서 당신을 기쁘게 하는 일이 있다면 무엇이든 경험기계를 통해 극도의 쾌락을 주는 형태로 체험할 수 있다. 그리고 기계에 자신을 연결하면 쾌락을 줄 수 있는 이 모든 일들이 정말로 일어나고 있다고 믿게 된다. 만약 사람들에게 남은 생 전부를 그 기계에 연결한 채로 살 의향이 있는지 묻는다면, 대부분은 그렇지 않다고 답할 것이다. 이러한 사실은 사람들이 삶에 부여하는 가치는 단순히 끝없는 쾌락 이상임을 보여준다. 우리는 사고실험을 수행해보기 전에는 이를 깨닫지 못했을 수 있다.

경험 기계에 대한 사고실험은 매우 비현실적이다. 아마

우리가 살아 있는 동안에 그런 기계가 발명되지는 않을 것이다. 그러나 이는 전혀 문제되지 않는다. 이 실험은 쾌락에 대한 우리의 근본적인 태도를 밝혀내려는 것이며, 그에 대한 직관을 살펴보는 데도 도움을 준다. 결과적으로, 단순히 현실성이 없다는 이유만으로 이 사고실험을 무시해서는 안 된다. 중요한 것은 우리가 자진해 그 경험 기계에 연결될 것인가가 아니라, 쾌락에 대한 가치를 우리 삶의 다른 모든 가치보다 우선시할 것인가다. 사고실험은 이 문제에 대한 우리의 직관을 테스트하는 한 가지 방식이다(※ **가설 배제하기; 조건문**).

사대주의 sycophancy

※ **고두의 예; 권위에 의한 진실; 만물박사**

사소한 것/하찮은 것 pettiness

※ **현학**

사실 축소 economy with the truth
속이려는 목적으로 정보를 선별해 제공하는 것

사람들은 종종 부정적인 문제를 고의적으로 숨기는 일에 대해, 겉으로 표현되는 **거짓말**보다 잘못이 덜하다고 본다. 이런 사람들은 그 믿음에 따라 거짓말을 하지 않기 위해 무진 애를 쓰는 동시에, 사실을 축소해나가면서 다른 사람들을 오도한다. 하지만 그런 믿음은 그저 **소망적 사고**일 여지가 있다. 거짓말이 문제가 되는 이유는 사람들이 사실이 아닌 것을 믿게 할 뿐 아니라, 의식적인 기만도 포함되어 있으며, 대체로 나쁜 결과를 초래한다는 데 있다. 그리고 사실 축소 또한 의식적인 기만을 포함하며 나쁜 결과를 초래할 수 있는 점에서 거짓말에 준한다. 이 두 종류의 기만을 도덕적으로 구분하는 일은 생각보다 어렵다. 주요한 차이점이 있다면, 거짓말에 비해서 사실 축소는 고의성을 밝혀내기가 대체로 어렵다는 것이다.

예를 들어 늦은 밤에 경찰이 차를 세우고 운전자에게 저녁에 술을 마셨느냐고 물었고, 운전자는 "전혀 마시지 않았다"고 대답했다고 하자. 그런데 사실 그는 저녁이 되기 전까지 오후 내내 많은 술을 마셨다. 그렇다면 거짓말까지는 아니더라도, 경찰이 차를 세워 그런 질문을 던진 이유를 알고 사실상 기만한 것이다. 부정한 행동을 했느냐는 아내의 질문에 어떤 남성이 "맹세코 다른 여성과 관계를 맺지 않았다"라고 답했을 때, 그것이 거짓말이 아니라고 치자. 하지만

117

그가 다른 남성과는 관계를 맺은 일이 있고, 그런 대답을 통해 고의적으로 사실을 숨기려 했다면 사실 축소를 하는 것이다.

사실 축소는 단지 망각한 것과는 다르게 보아야 한다. 전 자는 상대방이 오해하게 만들거나 관심을 돌리려는 의식적 시도다. 후자는 오도하려는 무의식적 욕구를 드러낼 수는 있지만, 이런 욕구나 그 욕구의 표현에는 보통 책임을 묻지 않는다(※ **변호사의 대답**).

사전적 정의 dictionary definitions
어휘가 어떻게 사용되고 있으며 사용되어 왔는지에 대한 설명

어떤 사람들은 의미에 대한 문제에서 사전을 궁극적인 판 단 기준으로 여긴다. 그런 사람들은 가령 "예술이란 무엇인 가?"에 대한 최선의 답도, 구할 수 있는 가장 좋은 사전을 찾아보면 대답할 수 있다고 믿는다. 이는 너무나도 낙관적 인 접근이다. 사람들이 "예술이란 무엇인가?"라는 물음을 던질 때는 이런 종류의 정보를 얻으려는 것이 아니다. 우리 는 사람들이 '예술'이라는 말을 어떻게 사용하는지 대략적 으로는 알고 있다. 그렇지만 이는 예술이란 진정 무엇인가 의 문제 혹은 그 단어를 사용하는 방식이 정당한가의 문제 에는 대답해주지 못한다. "포름알데히드 탱크에 담긴 죽은 양"을 두고 예술이라는 말을 사용하는 것이 정당화될 수

있을까? 만족스러운 답을 얻고자 한다면, 언어의 관습적 사용에 대한 기술에 머물러서는 안 된다.

단어의 용례만으로는 그것을 특정 의미로 사용하는 방식이 정당한가의 문제에서 옳고 그름 중 어느 쪽으로도 답을 주지 못한다. 게다가 사전적 정의는 대체로 상당히 짧으며, 다소 모호한 경우도 많다(※ **모호함**). 심지어 때로는 해당 어휘의 동의어나 유의어, 반의어만 적혀 있기도 하다. 믿을 만한 사전에서 정의라는 단어가 어떻게 사용되는지 찾아보는 것으로 정의의 본성에 대한 토론을 시작하고 싶을 때가 있다. 그러나 사전은 정치 철학자의 "정의란 무엇인가?"라는 물음에 답을 주지 못한다. 기껏해야 그 단어가 어떻게 사용되어 왔는지 밝혀 토론을 위한 시작점을 제공하는 것 정도일까. 사전이 이런 문제에 대한 중재자가 될 수 있다고 여긴다면, 그것에 부적절한 권위를 부여하는 일이며, 동시에 이런 행위는 용어의 일상적 사용이 곧 최선으로 정당화된 사용이라고 여기는 **가정**을 포함한다. 물론 그 가정이 정당하다는 보장은 없다.

그렇다고 사전이 어떤 문제에 대해서도 판단 기준이 될 수 없다는 뜻은 아니다. 만약 단어가 어떻게 사용되는지, 표준 발음이 무엇인지 알고 싶다면 사전을 보는 게 당연하다. 그러나 사전에서 "예술이란 무엇인가?"나 "정의란 무엇인가?"와 같은 이론적인 문제들에 대한 답을 찾으려 한다면, 이는 분명 문제가 있다(※ **소크라테스적 오류; 약정적 정의; 어원학적 오류; 험프티덤프팅**).

상정 presupposition

※ 가정; 추정

상호관련성과 인과관계의 혼동 correlation=cause confusion
대상들 사이에 상호관련성이 있다는 이유만으로 직접적인 인과관계가 있다고
여기는 오류

사건들 사이에 상호관련성이 있다고 해서(하나가 발견될 때 다른 하나가 대체로 발견된다고 해서), 그 사건들 사이에 직접적인 인과적 관련성이 있다고 단언할 수는 없다. 달리 말해, 단지 두 사실이나 물체가 함께 발견되곤 한다는 사실만으로 그들 중 하나가 나머지 하나의 원인이라는 점이 따라 나오는 것은 아니다. 그런데도 많은 사람들이 어떤 상호연관성을 발견할 때 이를 대상들이 인과적으로 연결된 증거처럼 받아들인다. 하지만 그런 상호연관성의 대부분은 두 사건에 공통 원인이 있을 때, 혹은 그저 우연의 일치로 발생한다. 또 상호연관성이란 지금 원인이라고 생각되는 것을 지지하는 만큼이나 다른 대안적 가설을 지지하는 증거가 될 수도 있다(※ **대안적 설명**). 하지만 어떤 원인에 대한 의문을 해결하기 위해 상호연관성을 조사하는 일이 잘못되었다는 것은 아니다. 오히려 상호연관성은 많은 경우에 원인을 판단하기 위한 기본적 단서가 된다. 그러나 사람들은 원인에 대한 추

론을 할 때 자주 오류를 범하는 만큼 주의가 필요하다.

사실들 사이의 상호연관성 중에는 인과적으로 연결되었다는 증거로 볼 수는 없지만 우연이라고 하기에는 체계적인 것들도 있다. 예를 들어 사람의 발 크기와 사용하는 어휘 수는 대체적으로 상호연관성이 있다. 발이 큰 사람은 발이 작은 사람에 비해 사용하는 어휘의 수가 많은 경향이 있는 것이다. 그러나 발이 크다는 것은 결코 많은 어휘를 구사하게 하는 원인이 되지 못하며, 많은 어휘를 사용할 수 있는 사실이 발이 커지게 되는 원인이 되지도 못한다. 이 상호연관성에 대한 정확한 설명은, 아이들이 어른들에 비해 발이 작고 구사하는 어휘의 수도 적다는 사실과, 사람은 자라면서 점차적으로 어휘를 습득하고 발도 커진다는 점에 있다. 그 사실을 생각한다면, 발의 크기가 비슷한 사람들끼리 어느 정도 비슷한 어휘 수를 갖고 있다고 해서 크게 놀랄 일이 아니다. 달리 말해, 발의 크기와 어휘의 수는 유아에서 성인으로 성장하는 과정의 특징으로 설명할 수 있다. 발의 크기나 어휘의 수 모두 성장이라는 공통된 원인을 가지고 있는 것이다.

상호연관성이 있는 듯 보이는 사례들 중에는, 서로 인과적으로 연결되었다기보다는 우연한 일치로 보아야 하는 경우도 있다. 특히 인과에 대한 결론을 지지할 수 있는 사례가 적은 관계들이 그렇다. 예를 들어 어떤 스포츠팬이 행운의 반지를 끼고 있을 때는 응원하는 팀이 이기고, 끼지 않았을 때는 응원하는 팀이 졌다는 사실을 발견했다고 하자.

그는 반지 착용 여부와 응원하는 팀의 승패를 관련지어 1년 이상 관측한 결과, 자신의 반지 착용이 어떤 이유에서든 자신이 응원하는 팀이 승리하는 원인이 된다고 미신적인 믿음을 품을 수 있다. 실은 순전히 우연한 사실일 뿐인데도 말이다. 미신을 믿는 이 스포츠팬이 범한 오류는 전통적으로 **이것 다음에, 즉 이것 때문**이라고 알려져 있는데, 이 사고방식은 일상적 추론 속에서 알게 모르게 흔히 범해지는 것이다.

다양한 현상의 원인을 이해하려 할 때 첫 단추는 추정된 원인과 그 결과의 상호연관성을 밝히는 것이다. 그리고 어떤 상호연관성이 인지되었다면, 그 원인이 어떻게 특정 결과를 일으키는지에 대해 합당한 설명이 마땅히 뒤따라야 한다. 이 과정에서는 너무 과하지 않은 범위 안에서 어느 정도 회의적인 관점을 취하는 게 오히려 도움이 될 수 있다. 예를 들어 한 저명한 과학자가 흡연과 폐암 발생의 인과관계를 의심했다고 하자. 그의 입장은 앞서 논한 경우의 하나인 '공통 원인'이 있는 게 아닌지 탐색하려는 것이다. 이 과학자는 흡연과 폐암 발생이라는 연관된 두 현상에서 하나가 다른 하나의 원인이 되는 것이 아니라, 공통된 원인이 있다고 생각하는 것이다. 즉, 지금껏 밝혀진 흡연의 정도와 그후 폐암을 앓는 것 간의 상호연관성 정도, 또는 어떻게 그것들이 연결되는지에 대한 의학적 설명이 있음에도 주어진 증거들이 실은 다른 결론을 지지한다고 주장하는 것이다. 그의 주장에 따르면 유전적으로 폐암이 쉽게 발생하는 사람은 흡연을 시작하기도 쉽다. 따라서 흡연과 폐암 발생 사이에 관찰된 상호연관성에 대해 흡연이 폐암을 유발한다는 설명이 아니라, 흡연을 하기 쉽고 동시에 폐암에 걸리기 쉬운 사람이 유전적으로 정해져 있다는 대안적인 설명으로 풀어내려는 것이다. 과학자의 이런 태도는 **악마의 변호인** 입장을 취해 사안에 대한 자신들의 과학적 추론을 좀 더 엄밀히 하려는 것일 수도 있다. 그런 시도가 그럴듯하지 않다면, 그 과학자의 대안적 가설은 얼마나 설득력이 있고 예측 능력이 뛰어난지를 기준으로 적절히 평가되어야 한다.

생략추리법 enthymeme
생략된 전제가 있는 논증

달리 말해 암묵적 **가정**이 있는 논증을 뜻하며, 이 가정이 없다면 **결론**은 **무관한 추론**이 될 것이다. 다음의 예를 살펴보자.

> 이 신문은 말도 안 되는 거짓말들을 써낸다. 따라서 그 신문은 폐간되어야 한다.

이 문장의 발화자는 그저 의견을 **언명**하는 것처럼 보일 수 있지만 암묵적인 논증을 펴고 있다. 즉, 여기에는 논증을 연역적인 것으로 만들어주는 전제가 감춰져 있다(※ **연역법**). 논증의 완성된 형태는 다음과 같을 것이다.

말도 안 되는 거짓말들을 써내는 신문은 폐간되어야 한다.

이 신문은 말도 안 되는 거짓말들을 써낸다.

따라서 이 신문은 폐간되어야 한다.

논증의 모든 요소를 일일이 늘어놓는 것은 때로 매우 거추장스럽고도 불필요한 일이다. 어떤 전제들은 명시되지 않더라도, 맥락에 따라 아주 쉽게 파악되곤 한다. 그렇지만 가정들이 명시적이지 않으면 종종 다양한 **애매함**을 발생시킨다. 예를 들어 누군가 이렇게 말을 한다.

식당에서 담배를 피우는 것은 비흡연자들에게 폐가 되는 일이므로 법으로 금지되어야 한다.

암묵적인 전제가 정확히 무엇인지 알 수 없다. 그것은 "공공장소에서 일부 사람들에게 폐가 되는 모든 행동은 법으로 금지되어야 한다"(이런 입장이 진지하게 취해질 경우 흡연자뿐 아니라 많은 사람들의 개인적인 자유를 심각하게 제약하겠지만)일 수도 있고(※ **한통속으로 몰아가기**), "공공장소에서 대다수의 사람에게 폐가 되는 모든 행동은 법으로 금지되어야 한다"일 수도 있다(이 경우에도 마찬가지로 사람들은 서로의 자유를 제약하게 될 것이다). 어쩌면 여기에는 지금까지 드러난 간접흡연의 위험성이 암묵적 가정으로 작용해 식당의 경우에도 적용되었을 수 있고, 공적으로든 사적으로든 다른 사람에게 나쁜 영향을 줄 수 있는 모든 것이 법으로 금지되어야 한다는 원리가 가정되어 있을 수도 있다(이는 극단적이고 실행 불가능한 원리이긴 하다). 이처럼 해석의 여지가 다양한 경우에는 감춰진 전제를 명확히 하는 것이 중요하다. 때로는 말하는 사람 자신도 암묵적 전제들이 무엇인지 제대로 알지 못할 때가 있다. 그런 경우에 '그러므로'나 '따라서'라는 말이 사용되면서 어떤 결론을 지시한다면, 이는 비논리적인 언어 사용이다(※ **비논리적인 '그러므로'와 비논리적인 '따라서'**).

선결문제 요구의 오류 begging the question
논쟁이 되는 바로 그 점을 가정해버리는 오류

논증에서 **결론**에 해당하는 내용을 그 **전제**로 삼아버리는 오류를 말하기도 하며, 흔히 순환성을 지닌다(※ **순환논증**). **형식적 오류**로 오해하기 쉽지만 그렇지 않으며, 타당한 형식의 논증이다(※ **타당성**). 선결문제를 요구하더라도 전제들이 참이라면 결론은 반드시 참이 되기 때문이다. 그러나 이런 논증은 논쟁이 되는 바로 그 점을 가정하고 있기 때문에, 그 점에 대해 아직 결정을 하지 못한 사람에게는 설득력이 없다. 요컨대 이는 논리적으로 부당한 것이 아니라 충분한 정보를 주지 않아 판단을 어렵게 만드는 것이다.

예를 들어 살인 혐의로 재판을 받으며 무죄를 주장하고 있는 사람을, 그 죄가 확실시되기 전부터 '피고인'이 아니라 '살인자'로 칭한다면 이는 선결문제를 요구하는 것이다. 재판의 요점은 살인에 대한 그의 유죄 여부를 밝히는 것이기에 이런 경우 그를 살인자라 부른다면 해당 사안의 논쟁이 되는 입장을 앞서 가정하는 것이기 때문이다. 상황이 다르다면 동일한 표현의 사용이 어떤 선결문제도 요구하지 않을 수 있다.

이와 관련한 다소 논쟁적인 사례가 있다. 철학자 르네 데카르트René Descartes의 유명한 "나는 생각한다, 고로 나는 존재한다"라는 코기토cogito 논증이 선결문제 요구의 오류를 범했다는 관점이 있다. 이 논증은 내가 존재한다는 것을 보여주려고 하므로, "내가 생각한다"라고 말하는 것은 내가 존재한다는 것을 이미 가정하고 있으며, 따라서 논쟁이 되는 바로 그 대답을 가정하는 것이다. 데카르트가 말할 수 있는 것은 기껏해야 "지금 생각이 있다"일 뿐이다. 그러나 만약 그렇다면 그가 모든 생각에는 생각하는 주체가 있어야만 한다고 가정하지 않을 경우 "나는 존재한다"라고 결론을 내리는 것은 어려울 것이다. 하지만 비판자들의 입장을 떠나 데카르트에게 공정하게 말하자면, 그는 "나는 존재한다"라는 결론을 연역적으로 도출하려 하지는 않았을 것이다(※ 연역법). 그의 요점은, 생각한다는 것이 진리임을 의심하는 것은 심리적으로 불가능하다는 점이었다. 따라서 그가 선결문제를 요구했다는 비판은 어쩌면 **허수아비 공격하기**의 수준일 수 있다.

질문 방식에 의해 선결문제 요구의 오류가 발생하기도 한다. 대표적으로 **복합 질문**들은 모두 선결문제를 요구한다. 예

를 들어 "당신은 언제부터 남편을 때리기 시작했나요?"라는
질문은 상대방이 남편을 때렸다는 사실이 확실하지 않다면
선결문제를 요구한다. 또는 삼촌이 조카에게 "너는 대학에
서 어떤 공부를 하려고 하니?"라고 묻는다면, 조카가 대학
에 가려 한다는 사실이 확실하지 않은 경우에 그 질문은
"너는 대학에 가고자 하니?"와 "그렇다면 거기서 무슨 공부
를 하려고 하니?"라는 질문들로 나뉘어 주어졌어야 한다. 그
렇게 하지 않고 복합 질문을 던진다면 선결문제가 요구된다.

앞의 예를 보면 선결문제 요구의 오류는 상대적으로 식
별하기 쉬워 보이지만, 무엇을 확실하게 해야 하는지 분명
하지 않은 경우가 많다. 그럴 때는 논하고 있는 문제에서 분
명하지 않은 점을 제거해 논점을 명확히 해야 한다. 그렇게
명확해진 다음에야 선결문제가 어느 정도로 요구되고 있는
지 평가할 수 있는 것이다.

선 긋기 drawing a line
오직 정도에서만 차이가 있는 두 범주를 구별하는 것

예를 들어 '빈부'는 연속적으로 존재하는 개념이다. 그런데
누가 감세 혜택을 받을지 결정하는 문제 등의 목적으로 어
디까지가 부자이고 어디서부터 가난한지 선을 긋는 작업이
필요해지곤 한다. 그렇게 선 긋기를 할 때 그 기준은 어느
정도 임의적이지만, 그런 이유로 선을 그어서는 안 된다고

할 수는 없다. 때로 선이 어느 곳에든 그어질 수 있다는 사실은, 선을 그어서는 안 된다거나 그어진 선이 아무 의미 없다는 주장의 근거로 여겨진다. 그러나 대부분의 상황에서 이러한 관점은 잘못된 것이다.

법에서는 선을 긋는 다양한 사례를 볼 수 있다. 현재 영국에서 성적 자기결정권이 인정되는 것은 만 16세로 정해져 있다. 하지만 몇 주나 몇 달 정도 빠르거나 느린 나이로 정해졌더라도 심각한 차이는 없을 것이다. 그러나 이미 언급했듯, 그렇다고 우리가 선을 그어서는 안 된다는 뜻은 결코 아니다. 나이를 기준으로 성관계에 법적 하한을 두는 것은 아동을 보호하기 위해 매우 중요하다. 마찬가지로 영국에서 스쿨존의 속도 제한은 시속 30마일인데, 이것은 시속 25마일 혹은 시속 35마일로 정해질 수도 있었을 것이다. 물론 그렇다고 현재 정해져 있는 안전 속도 기준을 무시해도 좋다는 뜻은 아니며, 구체적인 수치가 임의성을 지녔다고 해서 그것이 시속 90마일로 정해졌어도 좋다는 의미 역시 아니다(**※ 미끄러운 비탈길 논증**).

설득적 정의 persuasive definition

어휘를 정의하는 데 감정을 자극하거나 선결문제를 요구하는 수사법의 기법
(※ 정의적 언어; 선결문제 요구의 오류)

이런 식의 정의는 주로 논의에서 자신이 바라는 결론에 유

리한 쪽으로 만들어진다. 예를 들어 누군가가 '민주주의'를 '중우 정치'라고 정의한다면, 이는 '중우'라는 말에 담긴 부정적인 어감을 이용해 '민주주의'에 대한 반감을 일으킬 목적으로 설득적 정의를 내린 것이라고 볼 수 있다. 민주주의에 대한 이런 정의는 대부분의 상황에서 민주주의의 가치에 대한 선결문제를 요구한다.

설득하는 말 persuader word

'확실하게', '명백하게', '분명하게'처럼 언급된 내용을 상대방이 진실로 받아들이도록 설득하는 역할을 수행하는 말

수사법적 효과를 위해 사용되며, 이런 표현들이 항상 문제가 되는 것은 아니다. '명백하게'와 같은 표현으로 수식된 주장에 대해 그것이 명백하다고 할 수 있는 실질적 증거를 일일이 나열하는 일은 불필요하고도 매우 지루하다. 모든 **언명**을 옹호할 때마다 근거를 늘어놓는 것은 지극히 소모적인 일이며, 특히 발화자와 그 상대방이 사안과 관련해 공유하는 믿음이 많다면 더욱 그렇다.

그러나 몇몇 '설득하는 말'은 단순히 수사법적 수식 이상의 것을 할 때가 있다. 부당한 결론을 슬그머니 끌어들이기 위한 의도로 사용되기도 하는 것이다. 어떤 결론이 그런 장치를 거쳐 교묘하게 주어졌을 때, 면밀하지 못한 상대방은 그 주장이 정말 명백한지 여부를 따지지 않고 그저 고개를

끄덕이고 만다. 만약 누군가가 "명백하게 우리는 경찰이 제시한 모든 증거를 믿어야 한다"라고 한다면, '명백하게'라는 말은 그 결론을 지지하는 동시에 화자에게 동조해야 할 것만 같은 분위기를 만든다. 그렇다면 이 말이 함축하는 **전제**는 무엇일까? 아마도 "경찰은 선서하에 결코 거짓된 증거나 증언을 제시하지 않는다" 정도일 것이다. 하지만 유감스럽게도 경찰이 거짓된 증거나 증언을 제시하는 경우는 왕왕 있으며, 따라서 제시된 전제는 거짓이다. 이처럼 전제를 직접 제시하지 않고 설득하는 말을 사용하는 것은 상대방으로 하여금 지금 논해지는 것이 정확히 무슨 의미인지 깊게 생각하지 않도록 만든다. 일반적인 대화 상황에서 이런 설득적인 말은 대개 무심결에 쓰인다. 그런 경우는 보통 확실하지 않은 것을 교묘히 믿게 만들기 위해서라기보다는, 자신의 강한 믿음을 표현하기 위해서다.

성급한 일반화 rash generalisation
근거가 충분치 않은 일반화(※ 일화적 증거; 지방주의)

예를 들어 택시 기사 한 명과의 대화를 통해 모든 택시 기사가 인종차별주의에 반대한다는 결론을 내린다면, 이는 성급한 일반화를 범한 것이다. 만약 한 업체의 모든 기사들을 조사했더라도, 모든 택시 기사에 대한 결론을 내릴 증거로 삼기에는 여전히 불충분하다. 우선은 선정한 표본이 정당한 근거로 뒷받침되는 대표성을 지녀야 하고, 택시 기사들이 인종차별주의에 반대하는 성향이 있다고 가정할 이유가 있거나, 아니면 적어도 택시 기사와 인종차별주의 반대 사이에 일대일 상호연관성이라도 있어야 한다. 게다가 결론을 위협할 수 있는 많은 수의 **반례**를 무시해야 할 것이다. 이런 일반화는 단 한 명의 인종차별주의자 택시 기사를 만나는 것으로도 금세 위협받는다.

영국 육상선수 한 명이 올림픽 경기에서 금지 약물을 복용했다고 해서 그 사실만으로 모든 혹은 대부분의 영국 선수들이 그러리라고 결론짓는 것은, 타당한 근거가 없다면 역시 성급한 일반화다. 즉, 코치들이 모든 선수에게 해당 약물을 복용하도록 강요했다는 등 일반화를 성립하게 하는 설명이 뒷받침되지 않으면 몇몇 사례만으로 일반화된 결론을 지지하기에는 부족하다.

소망적 사고 wishful thinking
그러면 좋겠다는 이유만으로 정말 참이라고 믿는 것

이런 유형의 사고는 아주 흔하고, 불쾌한 진실을 외면할 수 있게 도와준다는 점에서는 매력적이기도 하다. 근거 없는 낙관주의는 소망적 사고의 가벼운 형태이며, 자기기만은 소망적 사고의 극단적 형태다. 사람들은 자신들의 소망적 사고를 유지하기 위해 **합리화**를 만들고, 이를 위협하는 증거들을 애써 무시하기까지 하는 것을 보면 놀랍다.

예를 들어 매일 약 5000cc의 맥주를 마시는 사람이 그게 자신의 건강에 조금도 영향을 끼치지 않는다고 생각한다고 해보자. 그 정도 양의 알코올 섭취는 분명 건강에 영향을 미칠 것이기에 그의 믿음은 소망적 사고인 것이다. 그는 자신의 음주가 건강에 영향을 미치지 않는다는 믿음을 유지하기 위해 몇몇 증상을 무시하거나 그 증상들에 대해 다른 이유를 꾸며낼 것이다. 심하게는, 술집에서 맥주 5000cc를 마시고 집으로 운전을 해서 가면서도 아무 문제가 없다고 믿게 될 수 있다. 그렇게 믿는 이유는 아마 택시를 타는 것보다 스스로 운전하는 것이 편하기 때문일 것이다. 하지만 그의 반응 속도나 판단 능력은 알코올의 영향을 받았을 것이 분명하기에, 이 역시 소망적 사고에 불과하다. 더욱이 그의 소망적 사고 역시 알코올의 영향으로 형성된 것일 수 있다. 음주 때문에 온전한 사고 과정을 벗어나면서 자기 행동에 대해 온전한 판단을 내리기 어려워지는 것이다. 아마 자신에게 음주운전법이 적용되어야 한다는 사실마저 부인할지 모른다. 소망적 사고란 이처럼 우리와 진실 사이에 쳐진 장막과 같은 것으로, 우리를 곤란한 상황이나 심지어 매우 위험한 상황에 처하도록 만들 수 있다.

소크라테스적 오류 Socratic fallacy

특정 용어를 보편적이고 정확하게 정의해낼 수 없다면 그 용어의 실례를 식별하지 못할 것이라는 잘못된 믿음

이러한 **비형식적 오류**는 아테나의 위대한 철학자이자 이 잘못된 **가정**을 했다고 (아마도 잘못된) 비난을 받던 소크라테스로부터 이름을 따왔다. 그의 제자인 플라톤의 대화편에 따르면, 소크라테스는 어떤 대화 상황에서 상대방이 내세우는 '덕'이나 '정의' 같은 개념은 정의하는 데 한계가 있음을 보여주기 위해 이 방법을 사용했다. 그는 상대가 그런 용어들을 정의 내리도록 한 후 다방면에서 **반례**를 제시함으로써 그 정의가 보편적으로 통용될 수 없음을 보여주었다.

다른 많은 오류들이 그런 것처럼 이 오류도 겉보기엔 상당히 개연성이 있다. 하지만 어떤 개념에 대해 정확한 정의를 내리지 못해도, 그때그때 적절히 효과적으로 사용하는 일에는 사실상 문제가 없을 수 있다. 예를 들어 이런 오류에 빠져 있는 사람은 '오프사이드'의 정의를 빈틈없이 파악한 것이 아니라면 지금 어떤 선수가 '오프사이드'를 범했다는 판단을 내려서는 안 된다고 할 것이다. 그렇지만 축구 선수나 축구 팬들은 '오프사이드'의 정확한 정의를 꿰고 있지 않더라도 어떤 상황에서 '오프사이드'를 범한 선수가 있다면 정확히 집어내곤 한다. 다른 예로, 우리가 '아름다움'에 대해 완벽한 정의를 내리지 못해도 누군가의 외모나 행실에 대해 아름답다는 말을 사용할 때 별다른 문제를 느끼지 못

한다.

특정 개념을 정확히 정의 내릴 수 있다면, 주어진 문제가 그 개념에 포함되는지 아닌지 경계에 있는 경우에는 큰 도움이 될 것이다. 하지만 우리는 이미 다양한 개념에 대해 철저히 정의 내리지 않고도 그 용어들을 경우에 맞게 잘 사용하고 있다. 그리고 **필요충분조건**을 밝히는 식으로 모든 개념을 정의 내리는 것은 불가능한 일이다. 철학자 비트겐슈타인이 말한 **가족 유사성 용어**로 분류되며 대략적으로만 설명될 수 있는 개념들은 분명히 존재한다. 예컨대 비트겐슈타인은 '게임'이 가족 유사성 용어라고 보았다. 즉, '게임'이라고 불리는 모든 것에서 공통되는 본질적 요소는 없으며, 다만 그것들 간에 부분적으로 공유되는 다수의 특징들이 있다는 것이다. 만약 그가 옳다면 '게임'을 정의하려고 필요충분조건을 진술하는 전통적인 방법은 헛된 시도이며, 우리는 그 말을 정확한 정의 없이 사용할 수밖에 없는 것이다.

속담 sayings

※ 격언에 의한 진실

수사법 rhetoric
설득의 기술

결론을 지지하는 논증을 제시하거나 이유를 대는 것이 아니라, 단호한 **언명**이나 **설득하는 말, 정의적 언어** 등을 사용해 상대방으로 하여금 자신의 말 또는 함축하는 바가 사실이라고 믿게 만드는 것이다.

예를 들어 신문의 자선 광고가 선호하는 수사법적 기술이 하나 있다. 바로 "당신은 우리 자선 단체에 기부할 수도 있고, 고통받는 다른 사람들을 무시할 수도 있습니다"라는 식의 **잘못된 이분법**을 세우는 것이다. 이러한 이분법은 오직 두 가지 선택지만을 제시하되, 그중 하나는 매우 꺼림칙한 것으로 설정한다. 이 문구를 읽은 독자는 그 자선 단체에 기부를 해야 할 것만 같다. 그러나 실제로는 다른 다양한 방법을 통해서도 고통받는 사람들에 대한 관심을 표할 수 있다.

광고주들은 시각적 요소가 곁들여지는 수사법도 즐겨 사용한다. 주로 자신들의 제품을 우아한 삶과 연관 짓는 방식으로, 그 제품을 구입하면 시청자도 우아한 삶을 누리게 될 거라고 함축하며 제품을 구입하라고 설득하는 것이다. 물론 특정 자동차를 사는 것이 자신을 품격 있는 사람으로 만들어줄 것이라고 믿는 데는 수사법적 광고에 현혹된 것 외에 타당한 이유가 있을 수도 있다. 그러나 지금 이야기한 종류의 광고 중에는 그 효과가 정말 개연성 있게 뒷받침되는 경우는 많지 않으며, 효과에 대한 암묵적 논증을 논리적으로 살펴보면 말도 안 되는 경우가 많다. 그와 무관하게 특정 제품을 우아함과 결부시켜 노출한 것은 실제로 소비 심리에 상당한 영향을 준다.

이런 수사법을 사용한다고 해서 그 자체로 잘못은 아니며, 수사법은 사람들의 의견을 바꾸려는 목적의 연설에서는 제 몫을 한다. 그러나 수사법적인 수식은 약한 증거와 잘못된 추론을 감추는 경우가 많다.

수사법적 질문 rhetorical questions
답을 구하기 위해서가 아니라 순전히 어떤 효과를 내기 위해 던져지는 질문

가능한 답변이 한 가지밖에 없는 것으로 질문자에 의해 이미 가정되어 있다면, 그 수사법적 질문은 **설득하는 말**과 같은 기능을 한다. 이런 유형의 수사법적 질문은 확고한 진술의 대용물이라 할 수 있다. "이러한 사실을 누가 의심하겠는가?"라는 질문은 "아무도 이러한 사실을 의심하지 않을 것이다"라는 말을, "누가 이런 세상에서 살고자 하겠는가?"라는 질문은 "누구도 이런 세상에서 살고자 하지 않는다"라는 말을 대신한다. 이런 질문을 던지는 것은 그저 개인적인 문체나 어투의 문제일 수 있다.

그러나 또 다른 형태의 수사법적 질문이 있는데, 논점에 대한 입장을 정확히 밝히길 피하려 할 때 사용되는 것을 말

한다. 예를 들어 자유의지를 주제로 한 글에서 저자가 "우리는 무언가를 정말로 자유롭게 선택하는 것일까?"라는 질문으로 끝맺는 것이다. 이런 질문이 저자 스스로 답할 준비가 된 상태에서 던져졌다면 수사법적 수식으로 받아들일수 있겠지만, 그렇지 않은 채로 던져졌다면 저자의 지적 태만으로 볼 수 있다.

어떤 주제에 대해서든 심오한 것처럼 보이는 질문을 수없이 던져대는 것은 비교적 쉬우며 전혀 도움이 되지 않는일이다(※ **심오한 척**). 그 질문들에 대한 답을 찾는 것이야말로 어렵고도 중요한 일이다.

순환논증 circular argument
'B이기 때문에 A다/ A이기 때문에 B다'의 형식을 취하는 것

이때 A나 B를 믿을 독립적 근거가 없다면, 이는 악순환이라고 불리며 **선결문제 요구의 오류** 중에서도 특히 안일한 형태로서 마땅히 거부되어야 한다. 그 외에 A나 B를 뒷받침하는더 이상의 근거가 없다면 그야말로 아래에 괴인 돌을 빼서위에 쌓으려는 것과 마찬가지로 시간 낭비다.

예를 들어 어떤 사람이 성경이나 다른 경전에 신이 존재한다고 쓰인 것을 근거로 신이 분명 존재한다고 말하는 한편, 그런 책들에 쓰인 내용이 사실인지 어떻게 아느냐는 물음에 그것은 신의 말씀이기 때문에 반드시 참이라고 답한

다면, 이는 악순환논증이다. 만약 성서에 쓰인 내용은 무엇이든 참이라거나 신은 존재한다는 독립적인 증거가 있다면, 결론을 지지하기는 해도 결론에는 분명히 가정되지는 않은 근거가 있게 된다. 하지만 그런 근거가 없는 상황에서 이 논증은 신이 존재하고 성서에 쓰인 것은 참이라고 **가정**하며, 이 두 가정은 신의 존재를 둘러싼 논쟁에서 중요한 논점이므로 불가지론자나 무신론자에게는 완전히 설득력이 없을 것이다.

귀납법을 정당화하려는 시도 중에서는 더욱 복잡하고 논쟁적인 철학적 사례를 찾아볼 수 있다. 귀납법은 특정한 **경험적** 관찰로부터 보편적인 결론에 이르는 논증 형식이다. 예를 들어 수많은 레몬을 깨물어본 것을 토대로 모든 레몬은 쓰다는 결론을 내렸다면, 이는 귀납적으로 추론한 것이다. 그러나 이런 형식의 추론은 정당화되기 힘들다. 아무리 많은 레몬을 깨물어본다고 한들 지금 존재하고 앞으로 존재할 모든 레몬을 깨물어볼 수는 없으므로 모든 레몬이 쓴 것은 아닐 가능성은 언제나 남기 때문이다. 자신이 다음번에 깨물 레몬이 달지 않을 거라고 어떻게 확신할 수 있겠는가? 귀납을 정당화하는 한 가지 시도는, 귀납이 믿을 만한 논증 방식임을 아는 이유가 그것이 과거에 잘 작동했기 때문이라고 주장하는 것이다. 우리는 지금까지 귀납적인 일반화를 무수히 성공시켰으며, 그 사실에 따라 귀납법을 믿을 만한 추론 방식으노 결론내릴 수 있다는 것이다. 하지만 찬찬히 들여다보면 이는 순환논증임이 드러난다. 과거에 귀납이 잘 작동하지 않았느냐고 주장하는 것은 귀납의 과거 성공에 대한 귀납에 의존하는 것이다. 귀납이 믿을 만한 추론 방식임을 알고 있을 때만 이렇게 할 수 있다.

순환논증은 그 형식에서 부당한 것은 아니다. 달리 말하자면, 논리적 관점에서는 잘못된 것이 없다. 그러나 악순환일 때는 새로운 정보를 주지 못한다.

순환정의 circular definition
정의('정의항') 안에 정의되고 있는 것('피정의항') 자체가 나타날 때 발생하는 것

용어 정의의 핵심은 그 의미를 설명하는 것이다. 그런데 어떤 용어의 정의를 이해하기 위해서 그 의미를 이미 알고 있을 것이 요구된다면 이는 부당한 일이다. 요컨대 순환정의란 정의의 본질을 저버리는 것이다.

예를 들어 '철학'을 "철학자의 활동"이라고 정의하는 한편으로, '철학자'를 "철학적인 활동을 하는 사람"이라고 정의한다면 이는 순환정의를 내리는 것이다. '긴장'을 "긴장되는 상황에 대한 생리적이고 심리적인 반응"이라고 정의하는 것 역시 순환정의를 내리는 것이다. 긴장되는 상황이란 그것이 긴장을 만들어내는 경향이 있다는 사실을 통해서만 인식될 수 있기 때문이다. 그러나 '긴장'의 의미는 정의를 요구한 사람이 이해하려는 바로 그것이므로, 정의에서 가정되어서는 안 된다.

숨은 전제 suppressed premise

※ 가정; 생략추리법

신언어 newspeak

조지 오웰George Orwell이 자신의 디스토피아 소설 《1984》에서 지도자에 의해 만들어진 언어에 붙인 이름

이 언어는 새로운 생각을 못하도록 사고를 통제하는 것이라고 한다. 특히 특정 관념이나 발상을 생각도 못하게 만드는 식으로 사고를 통제하는 언어를 뜻한다. 예를 들어 출산과 관련한 부부의 성관계(이를 '좋은 섹스'라고 부른다)를 제외한 모든 성적 관계를 '성범죄'로 지칭한다고 하자. '좋은 섹스'를 제외한 모든 성적 활동을 '성범죄'라는 이름 아래 한통속으로 취급함으로써 이 언어는 출산과 관련된 것을 제외한 성적 활동에 대해 세세히 생각할 가능성을 제한하는 것으로 여겨진다. 언어에 대한 이런 접근은, 해당하는 단어가 대상에 대해서는 생각할 수 없다고 말할 만큼 언어가 우리 생각을 형성한다는 논쟁적인 **가정**을 담고 있다.

'신언어'라는 말은 때로 **부적절한 은어**의 의미로도 사용된다. "요즘 온라인에서 쓰이는 신언어들은 도무지 알아듣질 못하겠어"처럼 말이다. 그렇지만 신언어는 (단지 이해를 못하는 것이 아니라) 어떤 사고를 제한하려는 목적이기 때문에 부

적절한 은어보다 훨씬 해롭다. 그러므로 사용할 때 구분할
필요가 있다.

심오한 척 pseudo-profundity

겉으로는 심오해 보이지만 실상은 그렇지 않은 문장을 사용하는 것

심오한 척을 하는 가장 쉬운 방법의 하나는 **역설**처럼 보이
는 문장을 쓰거나 말하는 것이다. 만약 당신이 다음의 문장
들을 아주 심각하게 말한다면, 주위 사람들은 당신이 인간
이라는 존재의 어떤 중요한 측면에 대해 고민한다고 여길
것이다.

> 지식은 또 다른 종류의 무지에 지나지 않는다.
> 떠난다는 것은 결국 당신을 그대로 머무르게 한다.
> 진정한 미덕에 이르는 길은 반드시 악덕을 거친다.
> 얕음은 깊음의 일종이다.

이런 진술들에 대해 생각하다 보면 흥미로운 가능한 해석
이 떠오르기도 하고, 적절한 맥락에서는 정말 심오한 문장
이 될 수도 있다. 하지만 이런 심오한 체하는 문장이 얼마나
쉽게 만들어질 수 있는지 한번 자각하게 되면 그런 문장에
잘 말려들지 않게 될 것이다.

심오한 척하는 다른 방법은 인기 있는 심리학자들이 즐

겨했듯 평범한 문장을 심오한 것처럼 반복하는 것이다.

태어날 땐 모두가 아이다.
어른들은 서로에게 항상 친절하지는 않다.

심오한 척하는 세 번째 방법은 **수사법적 질문**을 줄줄이 던진 후 답을 찾지 않고 그 질문들을 내버려두는 것이다.

인간은 진정으로 행복한 적이 있을까?
삶은 무의미한 유희인가?
우리는 자신을 진정으로 알 수 있을까?
우리 모두는 자기회의로 고통받는 존재인가?

그러나 심오함이란 이런 질문을 던질 때가 아니라 그 답을 찾고자 할 때 발생한다.

쐐기 끝 thin edge of the wedge
※ 미끄러운 비탈길 논증

악마의 변호인 devil's advocate
어떤 입장을 정말로 반대해서가 아니라 논증을 위해 가장 강하게 해석하는 사람

주어진 논증에 동조할 때조차 그것을 극단적으로 검사한
다. 이는 사고의 빈틈을 찾음으로써 대충 생각하는 것을 피
하는 유용한 방법이다. 만약 어떤 논증이 약점을 노리는 상
대의 날카로운 공격을 견뎌낼 수 있다면 훌륭한 논증이라
고 할 수 있다. 하지만 견디지 못한다면, 그 논증은 적어도
개선되거나(이왕이면 겉으로만 그럴듯한 **임시조항**을 더하는 것 이
외의 방식으로), 최악의 경우 버려져야 한다. 이런 사실을 생
각할 때 강력한 논증을 만들기 위해 노력을 기울이는 것은
지극히 당연한 일이다.

철학자 르네 데카르트는 저서 《성찰Meditations》에서 우리
가 더 이상 의심할 여지없이 확실히 알 수 있는 무엇이 있
다는 견해를 옹호하려 했다. 그는 '제1성찰'을 시작할 때 단
순히 자신의 결론을 주장한 것이 아니라, 자신의 생각에 대
해 악마의 변호인 역할을 함으로써 우리가 오감을 통해 얻
는 정보를 극단적으로 의심했다. 그 유명한 '방법적 회의'다.

그의 지적에 따르면 우리가 감각을 통해 얻는 모든 정보는 확실하다고 믿기에는 의심의 여지가 있으며, 이런 사실은 단순히 감각이 믿을 만하지 못해서일 뿐 아니라 그 어떤 때도 우리가 꿈을 꾸고 있는 게 아님을 확신할 수 없기 때문이다. 그는 심지어 여기서 한발 더 나아가, 아주 교활하고 강력한 악마가 철저히 자신을 속이고 있다고 상상한다(**※ 사고실험**). 그러고는 악마의 꾐이 실제 자신에게 일어나지 않았음을 완벽히 확신할 수 있는지 묻는다. 그 끝에 데카르트는 우리가 확실히 알 수 있는 것은 아무것도 없다는 듯, 자신이 본디 옹호하는 입장에 대한 의심을 키워간다. 그러고 나서야 마침내 의심하는 바로 그 행위가 의심하는 자의 존재에 대한 가장 확실한 증거가 된다는, 즉 의심하는 주체가 존재한다는 사실만은 더 이상 의심할 수 없이 확실히 알 수 있다는 자신의 본래 입장을 드러낸다. 그는 이렇듯 자신의 입장과 대립되는 강력한 논증을 먼저 검토함으로써 이후 가해질 수 있는 반대 논증들을 일축하고, 회의론에 반대하는 자신의 논증이 지닌 위력을 보여준 것이다.

악마의 변호인 역할을 하는 사람이 스스로 진지하게 받아들이지 않는 비판을 하는 경우 **위선**이라고 비난받는 때가 있다. 자신이 사용하는 논증을 실제로 믿지 않거나, 자신이 공격하는 입장의 **결론**이 참이라고 알고 있을 때 그렇다. 그러나 위선이라는 이런 비판은 악마의 변호인을 제대로 이해하지 못한 것이다. '변호인'은 좋은 의미임에도 불구하고 '악마'가 부정적 함의를 주기 때문일 것이다. 위선자는 자신의 의도와 믿음을 숨긴다. 반면 악마의 변호인 역할을 하는 사람은, 공격 대상이 그 자신의 결론을 지지하는 빈틈없는 논증을 펼치고 그쪽 입장에서 가장 강한 논증의 위력에 주의를 기울이라고 부추긴다. 이런 전략을 쓰는 이유는 때로 악마의 변호인이 긍정적으로 생각하는 결론에 대해 지지하는 좋은 근거를 상대방이 제시하도록 해서, 단순히 **편견**으로 드러날 수 있는 견해나 약한 논증으로 옹호되는 참인 결론을 정당화 해보도록 부추기는 데 있다(**※ 나쁜 근거의 오류**). 이는 언뜻 위선으로 보일 수 있지만, 진리를 진지하게 추구하는 과정의 일부다.

악순환 vicious circles
※ 순환논증; 순환정의

애매함 ambiguity
단어나 구절이 둘 혹은 그 이상의 의미를 지니는 것

애매함을 **모호함**과 혼동해서는 안 된다. 모호함은 언어가 부정확할 때 생긴다. 애매함은 단어나 구절이 다양하게 해석될 수 있을 때만 생긴다. 애매함은 어휘적 애매함, 지시적 애매함, 구문론적 애매함의 세 가지로 나눌 수 있다.

어휘적 애매함은 단어가 두 가지 이상의 의미로 쓰여서 그 단어가 들어가 있는 구절이나 문장이 다르게 이해될 수 있을 때 발생한다. 예를 들어《여신의 신화》라는 책에서 제목은 특정 신화에 대한 것으로도, 무엇을 여신이라고 여겨 온 어떤 신념에 대한 비판으로도 해석될 수 있다. 이것은 '신화'가 '신에 대한 이야기'와 '근거 없는 믿음'이라는, 서로 관련되었지만 각기 다른 두 가지 뜻을 지녔기 때문이다. 마찬가지로《차별》이라는 책이 있다면 그 제목만으로는 '인종 차별'과 같은 단어에서처럼 사회의 어떤 집단을 불공정하게 대우한다는 뜻으로 쓰였는지, 아니면 '섬세한 차별을 발휘할 수 있는 감정인'에서처럼 섬세한 미적 판단 능력의 뜻으로 쓰였는지 구분할 수 없다.

물론 이러한 제목의 책들은 동음이의어를 이용한 말장난으로서 의도적으로 사용된 것일 수도 있다. 동음이의어를 이용한 말장난은 이런 어휘적 애매함을 이용하는 것이다. 존슨Samuel Johnson 박사는 자신의 집 문간에 서서 다투는 여성들을 보고, 그들이 '다른 부지에 서서' 다투고 있기 때문에 결코 합의에 이르지 못할 것이라고 말했다. 이는 영어에서 '부지premises'가 '전제premises'와 동음이의어라는 사실을 이용한 말장난이다. 그러나 실제 논증에서는 서로 다른 **전제**를 지닌 두 사람이 동일한 결론에 이를 수도 있다. 그렇다고 그들이 같은 과정으로 결론에 이르지는 않을 것이다.

지시적 애매함은 하나의 어휘가 둘 이상을 동시에 가리킬 때 발생한다. 예를 들어 이름이 '존'인 두 사람이 한자리에 있다면 "전화 왔어, 존"이라는 말은 누구를 뜻하는지 그 맥락이 분명해지기(말하면서 한 명을 똑바로 쳐다본다거나) 전에는 큰 도움이 되지 못한다. 이런 애매함은 '그것', '그녀', '그', '그들'과 같은 대명사가 쓰일 때 쉽게 발생한다. "배가 접시에서 떨어져 내 포크 옆으로 굴러갔다. 그래서 난 그것을 집었다"라는 문장의 경우, 내가 무엇을 집었는지 명확하지 않다. 배일 수도 있고 포크일 수도 있다. 아마 아니겠지만, 접시일 수도 있다(엄밀히 말하면 '배'는 수상 운송수단의 하나 혹은 신체의 일부를 의미하는 단어이기도 하지만, 문장의 맥락에 따라 어휘적 애매함은 배제되었다).*

구문론적 애매함은 단어들의 순서로 인해 두 가지 이상의 해석이 허용될 때 발생한다. "작은 생선 포장 공장"이라는 표현은 '작은 생선을 포장하는 공장'을 의미할 수도 있고, '생선을 포장하는 작은 공장'을 의미할 수도 있다. 쉼표와 같은 구두점을 이용해서 애매함을 제거할 수 있지만, 경우에 따라서는 표현 자체를 앞에서처럼 풀어 써야 한다. "어제 회사에서 네가 한 건 했다고 들었어"라는 말은 두 가지 방식으로 구문론적 애매함이 있다. 우선 '내가 들은 것은 회사에 있던 네가 한 건 한 것'일 수도 있고, '네가 한 건 한 것을 내가 회사에서 들은 것'일 수도 있다. 또한 이 어순대로라면 '내가 너에 대해 들은 것이 어제'라는 말인지, '내가 들은 내용이 어제의 너에 대한 것'이라는 말인지의 문제도 애매하게 남는다.

애매함을 완벽히 제거하는 것은 극히 어려운 일이지만, 심각한 오해의 소지가 있을 때는 시간을 쏟아서라도 의도하는 바를 명확히 해야 한다(※ **애매함의 오류**). 하지만 법률 문서를 작성하는 경우가 아니라면, 가능성이 거의 없는 해석까지 하나하나 다 제거해가면서 인생을 허비하는 것은 순전히 **현학**일 뿐이다.

애매함의 오류 equivocation

하나의 논증 안에서 같은 단어나 구절을 다른 의미로 반복해 사용하는 것

어휘적 **애매함**의 일종이다. 말을 애매하게 쓰는 사람들은 그 단어나 구절의 사용에 따른 의미 차이를 무시하는 것이다. 잘 알려진 **연역법** 논증을 변형한 다음의 사례를 살펴보자.

> 어떤 인간도 불멸하지 않는다.
> 펠레는 인간이다.
> 펠레는 불멸한다.
> 따라서 적어도 한 명의 인간은 불멸한다.

앞의 예에서 펠레가 인간이라는 전제와 펠레가 불멸한다는 전제가 어떻게 동시에 참일 수 있을까? 펠레가 불멸하지 않으며 동시에 불멸한다고 말하는 것은 애매함의 오류를 저지르는 것처럼 보인다. 명백한 **모순**이다. "불멸하지 않는다"

라는 말과 "불멸한다"라는 말이 혼동된 채 사용됨으로써 두 낱말을 모순 없이 동시에 쓸 수 있게 되어 이런 일이 생긴다. 여기서 "불멸하지 않는다"는 '죽는다'는 뜻이지만, "불멸한다"는 육체적 죽음의 부재가 아니라 그 명성이 죽은 후에도 지속되는 것을 가리킨다. 두 낱말을 이런 식으로 쓰면, 한 사람이 죽을 것이지만 불멸한다고 말하는 데 어떤 모순도 없다. 논증에서 중요한 어휘를 애매하게 써서 결론에 이르러서는 명백히 자기모순적인 모습을 보이고 있는데, 그 오류가 너무 노골적이라 실제로 누군가에게 혼동을 주지도 못할 것이다.

그렇다면 좀 더 현실적인 예를 살펴보면 어떨까? 누군가가 다음과 같이 주장했다고 하자.

> 타인을 고의적으로 속이는 일은 결코 옳지 않다.
> 따라서 누구도 타인을 고의적으로 속일 권리는 없다.

첫 번째 전제에서 '옳다right'는 '도덕적으로 옳다'를 뜻하고, 두 번째 전제에서 '권리right'는 법적 권리를 가리키는 것으로 보인다.* 이들은 서로 연관되어 있지만, 그렇다고 동일한 것은 아니다. 도덕적으로 옳지 못하지만 법적으로는 금지되지 않은 행동들은 얼마든지 있다. 예를 들어 잔인한 방법으로 가공되고 생산된 육류를 먹는다면 도덕적으로 옳지 않을

---

* 영어에서 'right'는 '옳다'와 '권리' 둘 다를 뜻한다.

수 있지만, 현재 법으로는 본인이 원한다면 아무 문제없이 그런 음식을 취할 권리가 있다. 예시처럼 무엇이 도덕적으로 옳은가의 문제로부터 어떤 권리를 지니는가의 문제로 은근히 이동하는 행위는 애매함의 오류를 포함하는 것이다. 이런 애매함의 오류는 대개 부주의에서 발생하곤 하지만, 고의적으로 행해지기도 한다(※ **허수아비 공격하기**).

예컨대 정치적 목표로서 평등을 지향하는 사람들이 말하는 '평등'은 '모든 면에서 통일'을 의미하지는 않을 것이다. 그들이 바라는 내용은 대개 모두가 평등하게 대우와 존경을 받으며, 권력에 대해 평등한 접근 권한을 갖고, 평등한 기회를 부여받으며, 부당한 요소들은 제한되는 것 등이다. 결코 모든 구성원이 가능한 한 거의 똑같아지는 세상을 목표로 하는 것이 아니다. 그러나 평등주의를 향한 비판들은 때로 '평등'이라는 말에 대해, 앞서 제시된 의미와 '통일성'의 의미 사이를 고의적으로 넘나들며 해석하곤 한다. 그들의 논증은 대개 다음과 같은 형식을 따른다.

당신은 (대우와 존경과 권력에의 접근과 기회 등에서) 평등을 원한다.

(완벽하게 통일되어 있다는 의미에서의) 평등은 달성될 수도, 바람직하지도 않은 목표이다.

그러므로 당신이 원하는 것은 달성될 수도, 바람직하지도 않은 것이다.

이렇게 풀어서 보면, 그 비판이 '평등'의 의미에 대한 애매함의 오류를 포함하고 있음이 아주 명확해진다. 이런 종류의 애매함의 오류가 항상 고의적이고 의식적인 것은 아니지만, 고의적일 때는 **궤변**이거나 **소망적 사고**를 담고 있는 것이다.

약정적 정의 stipulative definitions

말이 실제로 어떻게 사용되는지의 분석에 기초하기보다는 그 말을 어떻게 사용할 것인가를 의식적·명시적으로 결정한 결과로 나온 정의(※ 사전적 정의)

어휘나 구절에 약정적 정의를 부여하는 것은 "보통은 조금 다른 의미로 쓰이지만, 나는 여기서 이 어휘/구절을 이런 뜻으로 사용할 것이다"라고 말하는 것과 같다. 혼동을 피하기 위해서는 자신이 그 어휘나 구절을 정확히 어떤 의미로 사용하는지 명시해야 할 필요가 있다. 이는 어휘나 구절을 일상적이지 않은 의미로 쓰거나, 다양한 해석이 가능할 때 특히 중요하다. 대체로 이런 정의는 사전에 나오는 것보다 좁고 선별적인 의미를 부여한다. **논쟁**에서 중요하게 사용되는 용어들의 정의를 확실히 해두지 않으면 혼란이 일어날 수 있음은 물론이다. 어쨌든 소통을 하기 위해서 우리는 공유되는 언어적 지식이나 믿음에 대한 **가정**을 많이 만들어야 한다. **경험적** 방법을 취하는 연구에서도 핵심 용어에 약정적 정의를 부여해 혼란을 막을 수 있다.

예를 들어 교육에 대한 연구를 진행하는 심리학 연구진

이 연구 목적을 위해, 자신들이 어떤 사람을 '똑똑한'이라고 말할 때는 IQ 테스트에서 100 이상의 점수를 받을 수 있다는 뜻이라고 약정할 수 있다. 일상에서 '똑똑한'이라는 말은 정확한 정의가 주어지거나, 사용된 맥락 속에 그 의미가 함축되어 있지 않다면 아주 모호한 말이다. 그렇지만 여기서는 약정적 정의를 함으로써 연구진이 그 말을 어떻게 사용하는지가 명확해지고 혼란이 예방되는 것이다.

반면 약정적 정의를 사용하는 일이 오해를 야기하는 경우도 있다. 앞서 얘기한 연구진이 발표한 보고서를 읽은 한 가상의 독자가 '똑똑한'이라는 말이 약정적 의미로 쓰였다는 사실을 잊어버리고 일상적 의미로 쓰였다고 이해할 수 있다. 이런 일은 이후 의사소통에서 장애가 될 것이 분명하다. 이런 오해는 특히 약정적 정의가 일상적으로 흔히 사용되는 말에 대해 부여될 때, 그리고 상당히 다른 의미로 부여될 때 발생하기 쉽다.

약정적 정의를 내릴 때 유념할 것은, 자주 쓰이는 단어일수록 일상적 의미를 벗어나기가 어려워서 독자들에게 자주 상기시켜야 한다는 점이다. 그렇지 않으면 독자들은 금세 그 용어를 일상적인 의미로 받아들이게 된다. 예를 들어 '빈곤'은 의식주 등 필수적인 무언가가 부족하고, 따라서 절실히 필요하다는 느낌을 주는 **정의적 언어**로 쓰이는 게 보통이다. 하지만 일부 사회학자들은 '빈곤'을 다른 의미로 사용해, 그것을 특정 사회의 전형적 수요에 따라 언제나 상대적인 것이라고 약정한다. 이렇게 약정된 의미에 따르면, 현재 영국에서 중형 TV를 구입할 여력이 안 되는 사람은 그것을 이유로 빈곤 상태에 있다고 간주될 수 있다. 이렇듯 약정된 의미로서 빈곤에 대한 사회학적 조사가 신문에 실렸을 때, 대부분의 독자들은 '빈곤'이라는 말이 특별하게 정의되었음을 계속 잊어버리지 않기가 어렵다. 말하자면, 단어라는 것은 고집스러워서 일상적인 의미로부터 떼어내기가 어렵다는 것이다. 따라서 일상적인 단어에 비일상적인 의미를 약정하는 것보다는 차라리 새로운 단어를 만드는 게 나을 때도 있다(※ **험프티덤프팅**).

약한 유비 weak analogy

※ **유비논증**

'어떤'과 '모든'의 혼동 some/all confusion

'어떤'이나 '모든'이라는 말이 사용되지도 않았고, 어느 쪽을 의미하는지 문맥을 통해서도 명확히 파악할 수 없을 때 발생하는 애매함의 종류

예를 들어 "고양이는 꼬리가 있다"라는 말은 여러 방식으로 이해될 수 있다. 우선 "모든 고양이는 꼬리가 있다"라는 의미로 사용된 것이라면, 맹크스Manx 고양이종은 꼬리가 없기 때문에 이는 틀린 문장이다. "대부분의 고양이는 꼬리가

있다"라는 의미로 사용되었다면 참이다. 또는 "고양이는 전형적으로 꼬리가 있다"라는 의미였어도 참이 될 것이다.

대부분의 경우 맥락을 통해 애매함이 해소되지만, 항상 그런 것은 아니다. 그리고 '모든'으로 시작하는 진술은 단 하나의 **반례**를 통해서도 **논박**될 수 있기 때문에 문장이 의미하는 바를 명확히 알 필요가 있다. 이미 살펴본 고양이의 꼬리의 경우도 그렇고, 다른 예로 "모든 축구 선수는 건강하다"와 "어떤 축구 선수는 건강하다", "대부분의 축구 선수는 건강하다", "축구 선수는 전형적으로 건강하다"와 같은 문장들은 논박에 필요한 노력의 정도가 다른 것을 확인할 수 있다.

때로 사람들은 자신이 말한 것을 실제보다 확고한 것처럼 보이게 하려고 '어떤'이나 '모든' 같은 말을 생략하기도 한다. 누군가가 다음과 같이 말했다고 하자.

여성은 남성보다 육체적으로 약하다.
당신은 여성이고 나는 남성이다.
따라서 당신은 육체적으로 나보다 약하다.

이는 **궤변**이다. 첫 번째 **전제**는 '대부분'이나 '일반적으로'라는 말과 함께 쓰일 때만 참이 된다. 그것은 확실히 "모든 여성은 모든 남성보다 육체적으로 약하다"를 의미할 수 없다. 그 진술은 분명 거짓이다. 그러나 논증하는 사람이 의도한 게 바로 그것이다. 그래야만 전제로부터 **결론**이 도출되고, 그렇지 않으면 **무관한 추론**이 된다.

어원학적 오류 etymological fallacy
어휘의 본래적 의미에 근거해 현재 사용되는 의미를 규정하려는 사유

신뢰할 수 없으며, 때로 오해를 낳는다. **발생론적 오류**의 일
종이자 **비형식적 오류**다. 어원학은 어휘의 기원에 대한 학문
이다. 이런 종류의 사유로 때로는 유용한 정보를 얻을 수
있지만 항상 도움이 되는 것은 아니다. 단어나 구절이 한때
무언가를 의미했다는 이유로, 단어의 일부분으로 남아 있
을 때조차, 또 1000년이 지나 원래 의미는 없어진 채 다른
맥락에서 쓰일 때도 원래 의미를 유지하고 있다고 **가정**하는
것이다. 그러나 어원학적 분석이 현재 사용되는 그 표현의
의미를 이해하는 데 도움이 되는 경우는 일부에 불과하다.
난어에 애초 한 가지 의미가 있다고 해서 언제나 같은 의미
가 계속 있다고 말할 수 없으며, 그것과 직접 관련된 의미가
있다고도 말할 수 없다.

결국 현재 사용되는 의미를 이해하고자 할 때 어원학은
오직 보조적으로만 사용되어야 한다. 고대 언어를 연구하
는 사람들은 어원학적 오류에 빠질 위기를 자주 겪는다. 그
러나 어원은 정말로 분명히 이해했을 때만 사용되어야 한
다. 단어의 현재 의미에 원뜻의 흔적이 담겨 있는 경우가 있
지만, 대개는 그 기원과 전적으로 결부되어 있지는 못하다.

단어의 의미에 대한 가장 믿을 만한 지표는 어원이 아니라 현재의 사용법이다(※ **사전적 정의; 약정적 정의**).

예를 들어, 영어의 'posthumous'는 '뒤'를 뜻하는 'post'와 '땅'을 뜻하는 'humous(humos)'라는 두 라틴어 어원으로 이루어져 있다. 현재 'posthumous'는 아버지가 죽은 후에 태어난 아이나, 더 흔하게는 작가가 죽은 후 출간된 책을 가리킬 때 쓰인다. 그래서 핵심적인 의미는 '사후의'다. 그러나 바다에서 실종된 사람이나 화장된 사람은 땅에 묻힌 게 아니기 때문에 그 자손이나 저작에는 'posthumous'를 쓸 수 없다고 주장하는 사람이 있다면, 그는 어원학적 오류를 저지르는 것이다. 이는 **현학**이다. 동시에 언어의 본질을 무시하는 태도라고도 할 수 있다.

'어리다'는 원래 "슬기롭지 못하고 둔함"을 뜻했다. 하지만 현재 누군가가 다른 사람을 어리다고 말한다면 이는 영민함이 아니라 신체적이거나 정신적인 나이와 관련해 말하는 것이다. '호러'는 두려움에 머리털이 쭈뼛해지는 것을 가리키는 라틴어에서 왔다. 이 어원학적 사실은 단어의 현재 사용과도 일치시킬 수 있다. 예를 들어 호러 영화를 "사람들의 머리털이 쭈뼛하게 서도록 의도한 영화"라고 할 수 있다면 말이다. 하지만 모든 경우에 그런 식으로 어원학적 사실을 해석하고 연결하는 것은 불가능하다.

정치 연설에서는 때로 어원학적 오류가 **수사법**의 형태로 등장한다. 연설문을 작성하는 사람은 이따금 연설의 핵심어가 될 어휘들의 기원을 찾아보는 것으로 글을 쓰기 시작한다. 그리하여 단어에 잠재된 흥미로운 의미와 자신들이 말하려는 것을 자연스럽게 연결해 논점을 강조하도록 글을 전개하는 것이다. 예를 들어 입법부인 의회議會에서 정치적 문제에 대해 좀 더 활발한 논의가 이루어지기를 기대하는 누군가는 '의議'라는 말이 구체적으로는 올바른 이치와 그에 따른 정사의 길을 논한다는 뜻이었음에 착안해, 그러므로 의회에서는 법안뿐 아니라 올바른 이치와 정치의 방향에 관련된 보다 많은 사안을 토론해야 한다고 주장할 수 있다 (**※ 나쁜 근거의 오류, 비논리적인 '그러므로'와 비논리적인 '따라서'**). 하지만 현재의 '의회'에서 '의'의 뜻은 그것만으로 설명될 수 없다. 그것이 본래 의미의 흔적을 담고 있든 아니든, 의회의 본질은 최고 입법기관이다.

어휘적 애매함 lexical ambiguity

※ 애매함

어휘적 정의 lexical definition

사전적 정의의 다른 표현

언명 assertion
지지하는 근거 없이 확신을 표현하는 진술

무엇에 대해서든 단순히 어떠어떠하다라고만 말하면 이는
하나의 언명을 만드는 것이다. 예를 들어 저자가 "이 책을
읽으면 당신의 비판적 사고력이 성장할 것이다"라고 말한다
면 이는 언명이다. 그 진술을 지지하는 어떤 근거나 증거도
제시되지 않고 있기 때문이다. 또 누군가가 "신은 존재하지
않는다"라고 말하면서 어떤 논증이나 증거를 함께 제시하
지 않는다면, 그 자신이 이 문제에서 권위자라는 것을 입증
하지 못하는 한(※ **권위에 의한 진실**) 당신이 그 말을 그대로
받아들일 이유는 없다(나아가 어떻게 그런 관점이 생겼는지 설명
을 요구할 수도 있다).

단지 언명만으로는 아무리 큰소리로 말하더라도 무언가
를 참으로 밝혀낼 수 없다. 아무리 확신에 찬 언명도 **논증**의
대체재가 되지 못한다. 우리는 일상에서 자신이 말하는 것
에 대해 잘 아는 듯 보이는 사람들의 말에 (그 사람들이 실제
로 어떻든 간에) 설득되기도 하지만 말이다. 타인이 내세운 언
명의 사실 여부를 평가할 수 있는 유일한 방법은, 그것을 지
지한다고 나와 있는 이유와 증거를 검증하거나, 반대로 믿
지 않을 이유나 증거를 찾아내는 것이다. 단도직입적으로
확신하는 언명은 아주 흔하다. 부분적으로 이는 특히 **가정**
을 상당히 공유하는 사람과 대화할 때, 믿음을 갖게 된 모
든 암묵적 근거를 하나하나 설명하는 것은 따분한 일이기

때문이다.

역설 paradox
얼핏 보기에 문제가 없는 전제들로부터 합당해 보이는 추론을 통해 도출된, 받아들일 수 없는 결론

철학에서는 엄격하게 쓰이는 용어다. 일상적 대화에서는 '이상한'이나 '예측되지 않은' 등의 말과 동의어로 쓰이곤 하지만, 철학에서는 그보다 좁은 의미로 사용된다. 진짜 역설은 비일관적인 믿음들이나 변칙적 추론에 관심을 두게 만든다. 역설은 때로 단순한 논리적 퍼즐에 그치지 않으며, 철학자들로 하여금 의심하지 않고 있는 **가정**을 변경할 수밖에 없도록 만들기도 한다.

'더미의 역설'은 대표적 예시라고 할 수 있다. 그 내용은 이렇다. 만약 5000개의 소금 알갱이로 이루어진 더미가 있을 때, 거기서 소금 한 알을 빼내도 여전히 소금 더미일 것이다. 한 알을 더 빼도 마찬가지일 것이고, 다시 한 알을 더 빼도 역시 마찬가지일 것이다. 그러나 그 행동이 4999번 이루어지면 남는 소금은 단 한 알이 될 것이며, 이는 분명 소금 더미가 아니다. 소금 더미였던 것이 더 이상 소금 더미가 아니게 된 것은 한 알만 남기 이전의 일일 것이다. 그렇다면 정확히 언제부터일까? 이번에는 거꾸로 가보자. 소금 알갱이 하나는 더미가 아니다. 두 개도 더미가 아니고 세 개가

되어도 더미라고 할 수 없다. 몇 개부터 더미라고 할 수 있을까? 소금 한 알을 빼거나 넣는다고 해서 더미가 되거나 더미가 아닐 수 없다면, 소금 한 알을 빼내는 연속적인 단계(여기에는 아무 문제가 없다)를 거쳐 어떤 소금 더미도 소금 한 알과 바뀔 수 있으므로 소금 한 알도 더미라고 해야 한다는 결론이 나오는 듯 보이는데, 여기서 역설이 생긴다. 그러나 이미 잘 알듯이 소금 한 알을 소금 더미라고 할 수는 없다.

반쯤 농담으로 이 역설을 해결할 수 있다. 먼저 소금 한 알은 더미일 수 없다. 두 알이나 세 알도 더미일 수 없다. 소금 삼각형이나 기둥을 만들 수 있을 뿐이다. 그러나 네 알은 피라미드 모양으로 쌓는 것이 가능하기 때문에 더미의 마지노선으로 삼는 것이다. 이런 해결책은 깔끔해 보이기는 해도 다른 많은 변형들에는 해결책이 되지 못한다. '키가 큼'이나 '대머리'처럼 무언가가 있고 없고를 뚜렷하게 가를 수 없는 모호한 용어들로 같은 형식의 역설을 만든다면 어떨까?(**※ 모호함; 선 긋기**) 키가 큰 여성의 키에서 1밀리미터씩 줄여나갈 때 정확히 어느 순간부터 키가 작은 것으로 바뀌는지 지적할 수 없고, 머리숱이 많은 남성의 머리에서 한 올씩 뽑을 때 어느 순간부터 대머리가 된 것인지 잘라 말할 수 없다('대머리'라는 말의 일상적 쓰임을 고려하지 않고 엄격히 적용함으로써 머리카락이 한 올도 없는 상태만 대머리라고 말하지 않는 한).

일반적으로 '역설적'이라는 말은 단지 이상하거나 비일상적인 상황을 가리키기보다 진짜 역설을 가리키는 말로 남

겨두어야 한다. 그렇지 않으면 정확성을 잃을 위험을 감수
해야 한다(엄격한 용어의 일상적인 사용에 대해서는 **선결문제 요구
의 오류**, **캐치-22**, **타당성** 참조).

연막 smokescreen

의미 없는 부적절한 은어, 심오한 척, 현학 등을 사용해 자신의 무지나 부정을
감추는 수사법적 속임수

부주의한 청자는 얼핏 이를 지적인 연설이라 생각할 수 있
지만, 자세히 살펴보면 전혀 중요하지 않은 것을 어려운 말
로 늘어놓고 있는 것뿐이다.

연속체 continuum

※ **미끄러운 비탈길 논증; 선 긋기; 흑백논리**

연쇄반응 knock-on effect

※ **도미노 효과**

연역법 deduction
전제로부터 결론에 이르는 타당한 추론(※ 타당성)

연역 논증은 진리 보존성을 지닌다. 이 말은 참인 전제로부터 논증을 시작한다면 결론도 반드시 참이 된다는 뜻이다. 이는 **귀납법**과의 큰 차이점이기도 하다. 다음은 연역 논증의 예다.

> 만약 술을 마시고 운전을 하면 누구든 과태료를 물게 된다.
> 당신은 술을 마시고 운전을 한다.
> 따라서 당신을 과태료를 물게 된다.

전제들이 참이라면 결론은 반드시 참이다. 결론은 전제들 속에 암묵적으로 있는 것을 끄집어낸다. 연역의 다른 예를 들어보겠다.

> 모든 신은 불멸한다.
> 제우스는 신이다.
> 그러므로 제우스는 불멸한다.

역시나 전제들이 참이라면 결론은 반드시 참이다.

오류 fallacy

※ '그건 오류입니다'; 비형식적 오류; 형식적 오류

오컴의 면도날 Ockham's razor

단순성의 원리

더 복잡한 것들을 끌어들이지 않고 무언가를 충분히 설명할 수 있다면, 그 단순한 설명이 최고의 설명이라는 것이다. '절약의 원리'라고도 불리는 이 원리는 중세 철학자 윌리엄 오컴William of Ockham의 이름을 따왔다. 오컴 스스로 한 말은 아니지만 "필요 이상으로 무언가를 늘리지 마라"라는 문장으로 설명되기도 한다. 오컴의 면도날이 실생활에서 의미하는 바는 사례를 통해 가장 잘 보여줄 수 있다.

한 과학자가 네스호의 괴물이 실제로 존재하는지 밝히려 한다면, 우선 사진 증거들을 조사할 것이다. 만약 수영하는 수달이나 물에 떠 있는 나무가 흐릿하게 찍혔다는 등 납득할 수 있는 이유들로 충분히 해명될 수 있다면, 과학자는 오컴의 면도날을 적용해 그 사진들은 괴물이 존재한다는 가설의 증거로 삼기에는 부족하다고 여길 것이다. 즉, 사진은 우리에게 이미 익숙한 것들로도 충분히 설명되기 때문에 그 범위를 넘는 존재를 끌어들일 필요가 없는 것이다.

일반적으로 오컴의 면도날을 적용하는 것은 훌륭한 생

각이다. 하지만 이 원리를 실제로 적용할 때는 무엇이 단순한 설명이고 단순화는 또 무엇인지의 문제와 마주하게 된다. 그것은 비판적 사고의 많은 영역에서와 마찬가지로, 맥락을 민감하게 살펴보는 일이 꼭 필요하다.

우물에 독 풀기 poisoning the well

어떤 주장을 하는 사람을 찾아 그 사람에 대해 선제적으로 조롱하기, 신용 깎아내리기, 모욕하기의 방식으로 그 주장을 간접적으로 폄하하는 것

이는 아주 흔히 쓰이는 **수사법**적 기법이다.[*] 우물에 독 풀기의 한 가지 방식은 "이러이러하다고 믿는 사람은 아무도 없을 것이다", "오직 어리석은 자만이 이러이러하다고 주장할 것이다", "어떤 순해빠진 자들이 믿는 바에 따르면 이러이러하다"와 같은 문장으로 운을 떼는 것이다. 다음과 같이 주장하는 화자의 모습을 상상해보자.

인종차별주의자가 아니고서야 대규모 영국 이민에 반대할 사람은 없을 것이다.

화자는 대규모 이민에 반대하는 사람에 대해 선제적으로 인종차별주의자 꼬리표를 붙이고 있는데, 이러면 상대방은

---

[*] 우물에 독을 푸는 일은 적군의 식수 조달을 방해하기 위해 전쟁 때 흔히 행해지던 일로, 이처럼 해당 입장(우물)을 취하지 못하도록 미리 수를 쓰는 것이다.

인종차별주의가 되지 않고서 어떤 주장을 할 여지가 거의 없게 된다. 이런 주장을 지지하는 논증이 필요한데, 그게 없으면 화자가 자신에게 동의하지 않는 사람으로 하여금 두려움 때문에 아무 주장도 못하게 만드는 기법에 불과하다.

우물에 독 풀기를 하게 되면 독이 풀어진 견해를 계속 지지하는 일이 매우 어려워진다. 또한 다른 견해를 주장하는 사람을 모욕하는 것이다. 덧붙이자면, 그런 구절로 운을 떼는 사람들 대부분은 상대방이 신뢰를 잃은 견해를 지지하고 싶어 한다고 알고 있는데, 이것이 정직하지 못한 논증 방식이라는 점은 더 말할 것도 없다. 그래도 이런 말은 한번 그 실체를 자각하면, 그 후에는 실제로 마주했을 때 바로 알아채기가 매우 쉬운 편에 속한다. 이런 조치에 대항하는 최선의 방법은 진술에서 독을 푼 요소를 정면으로 부정하고, 내 주장이 왜 합당한지를 설명하는 것이다. 그런 말을 한 사람에게 어째서 '인종차별주의자만이' 이런 주장을 한다고 믿는지 설명해달라고 공격할 수도 있다. 그런 주장은 근거가 없는 언명에 불과하고, 심지어 선결문제 요구의 오류를 저지르는 것이라고 덧붙이면서 말이다(※ **선결문제 요구의 오류**).

우스꽝스럽게 여기기 caricature

※ **허수아비 공격하기**

우연의 일치 coincidence
※ 상호관련성과 인과관계의 혼동

울며 겨자 먹기 biting the bullet
버리기 싫은 원리로부터 도출되는 결과가 분명 받아들이기 어려운 것인데도
받아들이는 것

내가 상대방의 주장을 **논박**했다고 생각했는데 상대방이 울
며 겨자 먹기를 한다면 매우 당혹스러울 수 있다. 대체로 이
런 상황에 대해 예기치 못하는데, 특정 원리로부터 도출되
는 결과가 터무니없거나 부정적이기에 그것을 옹호할 수 없
음을 증명했다고 생각했을 때 발생한다(※ **터무니없는 결과 유
도하기; 귀류법**). 그런 결과가 실제로 도출된다는 것과, 그럼에
도 불구하고 그것을 받아들일 준비가 되었다는 점까지 모
두 받아들이려는 사람이 있다면 그와 논증을 계속하기가
어려운데, 그와 나 사이의 근본적 **가정**에 그런 큰 간격이 있
다는 사실을 감안하면 합의에 이를 가능성은 거의 없기 때
문이다. 울며 겨자 먹기의 극단적 형태는 논증을 하는 상대
방이 **모순**을 받아들이면서도 아무 거리낌이 없을 때 생긴
다. 그런 사람에게는 합리적인 논증도 아무 위력을 발휘하
지 못한다. 그러나 울며 겨자 먹는 대부분의 사람은 모순까
지 받아들이지는 않는다.

예컨대 어떠한 상황에서든 최대 다수에게 최대 행복을

주는 것이 도덕적 선이라고 믿는 완고한 공리주의자에게는 피할 수 없는 난제가 있다. 무고한 사람을 처벌하는 것이 도덕적 선惡이 될 수 있는가의 문제다. 공리주의의 기본 원리에 따르면, 무고한 사람을 처벌하는 것이 다른 어떤 조치보다 다수에게 큰 행복을 가져올 수 있는 (다수의 대중은 그에게 죄가 있다고 믿으며 처벌 사실을 알면 기뻐하리라는 등의) 상황일 경우, 그 상황에서는 무고한 사람을 처벌하는 것이 도덕적 선이어야 한다. 우리 대부분은 일반적인 공리주의 원리가 낳는 결과를 받아들이기 어려워한다. 이런 문제는 적어도 가장 단순한 형태의 공리주의에 대해서 의문을 제기하고, **임시조항**을 붙이는 등의 방법으로 그것을 개정하거나, 나아가 반대할 동력이 된다. 그러나 강경한 공리주의자들은 기꺼이 울며 겨자 먹기를 할 각오로 다음과 같이 말할 것이다. "맞습니다, 그건 제 이론의 결과물이고, 전 그것을 받아들입니다. 어떤 상황에서는 무고한 사람을 처벌하는 것이 도덕적 선입니다."

다른 예를 들어보자. 누군가가 살면서 단 한 번도 법을 어긴 적 없는 사람만 판사가 될 수 있게 해야 한다고 주장한다면 어떨까? 얼핏 이는 현명한 예방 조치인 듯 보이지만, 잘 생각해보면 현직 판사의 상당수를 배제해버릴 수도 있는 원칙이다. 그들의 일부 혹은 상당수는 언젠가 과속이나 주차위반, 혹은 기소되지 않았더라도 아주 사소한 문제들로 법을 어겼을 수 있기 때문이다. 그럼에도 이 문제에 대한 강경론자들은 대부분의 현직 판사를 배제하게 되더라도 이 원칙을 고수하면서 울며 겨자 먹겠노라 주장할 것이다.

위선 hypocrisy
말로 내세우는 것과 행동이 다른 것

자신이 역설한 것을 행동으로 옮기지 않는 사람을 겨누는 비난이다. 예를 들어 일요일마다 연단에 올라 정조를 강조하는 종교인이, 기혼한 신자들을 몇 번이나 꾀려 했다면 그는 위선을 범한 것이다. 금연 캠페인에 참가하면서 몰래 하루 한 갑씩 담배를 피우는 애연가도 그렇고, 추론에 잘못이 있다고 다른 사람을 꾸짖으면서 정작 자신은 어떤 주제에서도 올바르게 추론하지 못하는 철학자 역시 그렇다.

위선에 잘못이 있는 이유는 부분적으로 위선자의 일관되지 못한 믿음(**※ 일관성**)을 드러내기 때문이다. 위선자가 표명하는 입장과 행동을 통해 알 수 있는 그의 암묵적 믿음이 대립하는 것이다. 그 자신이 역설한 바를 정말로 믿는다면 상반되게 행동하지는 않을 것이다. 위선은 비일관적인 믿음들을 자신도 모르게 품고 있는 것과 다르다. 위선자는 어떻게 행동해야 하는가에 대해 역설하면서 자신은 자기가 퍼뜨린 원칙에서 빠져나간다. 바로 그 점에서 사람들에게 불쾌감을 주기도 한다.

그러나 어떤 말이 위선이라고 해서 위선자가 역설한 바가 거짓이라고 증명되지는 않는다(**※ 나쁜 집단 연상의 오류**).

위선이라고 주장하는 것은 사람을 향하는 논증 방식이며 (**※ 대인 논증; 인신공격**), 우리가 위선자의 인간성이 아니라 원리의 진리 또는 중요성에 관심을 갖는다면 위선은 **무관한 것**일 수 있다. 그렇다고 위선자를 상대하는 것이 기분 좋은 일이 되는 것은 아니다.

유도된 질문 loaded questions
※ 복잡한 질문

유도신문 leading questions
※ 복잡한 질문

유비논증 analogy, arguments from
비슷하다고 여겨지는 대상들의 비교에 근거한 논증

이는 비교 대상들이 어떤 점에서 유사하다고 드러났다면, 직접 관찰할 수 없는 다른 측면에서도 유사할 것이라는 원리에 의존한다. 이 원리는 일종의 **귀납법**으로, 좋게 본다면 개연성 있는 결론을 자주 산출한다는 정도로 말할 수 있다.

169

즉, 어떤 면이 유사하다는 사실만으로는 다른 면도 유사할 것이라고 확신할 수 없기 때문에 결정적인 증명을 하는 방법이라고는 보기 힘들다. 예외가 있다면 논리적 형식이 유사할 때다. 한 논증이 타당하면(※ 타당성) 그것과 논리적 형식이 같은 다른 논증도 타당해야만 한다.

유비에 근거하는 논증은 얼핏 아주 신뢰성 있는 형식의 논증으로 보일 수 있다. 만약 어떤 발견의 결과를 다른 비슷한 상황에 적용할 수 없다면 어떻게 경험으로부터 배울 수 있겠는가? 그러나 유비논증은 비교되고 있는 상황이 관련 있게 유사할 때만 신뢰성이 있다. 하지만 불행히도 유사점들의 관련성을 간단히 확인할 수 있는 방법은 존재하지 않는다.

유비논증이 사용된 가장 유명한 예는 설계 논증으로 알려진 신 존재 증명이다. 설계 논증을 아주 간단하게 말하면, 자연물과 인공물(예컨대 인간의 눈과 카메라) 사이에는 가시적인 유사성이 많기 때문에, 그 둘은 틀림없이 유사한 종류의 지성에 의해 만들어졌다는 논증이다. 달리 말해, 두 종류의 대상들 사이에 지각할 수 있는 유사성이 있다면 그 둘의 기원(이 경우에는 지적인 설계자)도 비슷한 종류임을 신뢰할 수 있다는 것이다. 그리고 이 논증에 따르면, 인간의 눈은 카메라보다 훨씬 정교하게 설계되었기 때문에 그에 상응해 눈의 설계자는 카메라 설계자보다 훨씬 지적이고 전능하다는 결론을 내릴 수 있다. 설계 논증의 결론은, 지적이고 전능한 눈 설계자는 틀림없이 신이라는 것이다.

그러나 이미 많은 철학자가 지적했듯이, 눈과 카메라의 유사성 비교를 통한 이런 유비는 비교적 약하다. 각기 수정체와 렌즈를 통해 빛을 굴절시킨다는 등 꽤나 비슷한 면도 있지만, 상이한 측면도 상당하기 때문이다. 무엇보다 눈은 살아 있는 유기체의 일부이지만 카메라는 기계다. 만약 설계 논증이 상대적으로 약한 유사점들에 근거를 두고 있다면(※ 비유사성), 얼핏 보기에 설계된 듯한 자연물의 원인에 대한 결론 역시 약할 수밖에 없다. 게다가 이 경우에는 정확히 같은 관찰에 대해 개연성이 상당히 높은 **대안적 설명**이 존재한다. 바로 찰스 다윈이 주창한 자연선택에 따른 진화 이론이다. 결국 설계 논증만으로는 신의 존재에 대한 확실한 증거가 되지 못한다. 그 이유는 첫째로 그 논증이 근거하는 유비가 상대적으로 약하다는 점이고, 둘째로 살아 있는 유기체가 얼핏 보기에는 설계 같지만 실은 유전과 환경이라는 비인격적 작업에 의한 것이라는 경쟁관계 이론이 건재하다는 점이다.

철학자 주디스 자비스 톰슨Judith Jarvis Thomson은 유비를 사용해 낙태의 도덕성에 관한 자신의 관점을 옹호하려 했다. 그의 관점에 따르면 비록 태아에게 어떤 권리가 있더라도 여성이 자기 몸에서 일어나는 일에 대해 갖는 권리보다 더 중요하지 않다(※ 사고실험). 그런 주장을 하기 위해, 임신을 다음의 가상적 상황에 비교한다. 당신이 어느 날 깨어나 보니 생명 유지에 필수적인 신체 기관들이 유명한 바이올리니스트와 연결되어 있었는데, 그 때문에 불편함이 상당히 크더라도 아홉 달 동안 그대로 있지 않으면 바이올리니스트가 죽게 된다는 말을 들었다고 하자. 이 현실성 없는 비유의 초점은 태아의 낙태되지 않을 권리에 대한 논쟁에서 핵심을 명확히 하려는 데 있다. 우리는 바이올리니스트와 연결된 채로 사는 쪽을 선택한 사람들을 높이 평가할 것이다. 그러나 바이올리니스트가 생명을 유지할 권리는 당신 자신의 몸에 발생하는 복잡하고 불편한 일에 대해 결정할 권리보다 중요하다고 단언하기에는, 주어진 것만으로는 불충분하다. 물론 일부의 임신만 이 유비와 유사한 형태일 것이기에 이 유비는 논란이 많다(그리고 우리들 대부분에게 이 사고 실험이 얼마나 강력한가는 우리 몸에 연결된 그 유명한 바이올리니스트가 누구인지 아는가에 따라 달라진다). 하지만 톰슨의 이러한 유비는 낙태 찬반 논쟁에 숨어 있는 입장을 드러내 주었다는 점에서 매우 유익하다. 이는 1971년에 논문으로 출간되자마자 치열한 논쟁의 주제가 되었다.

동물 복지에 더욱 많은 관심이 필요하다고 주장하는 동물 권리 운동가들의 논증은 대개 인간과 동물이 고통을 느끼는 능력에 대한 암묵적 유비에 근거한다. 우리는 인간이 고통을 느낀다는 것을 안다. 또한 극단적인 고통 앞에서는 그것을 피하기 위해 거의 무엇이든 하게 된다는 것도 안다. 이는 고문이 효과적일 수 있는 이유이기도 하다. 포유류는 아주 많은 점에서 인간과 유사하다. 유전적으로 매우 밀접하며, 물리적 손상에 대해서도 유사한 생리학적 반응을 보인다. 그들도 우리처럼 고통을 피하기 위한 노력을 하며, 어떤 상황에서는 우리도 알아챌 수 있을 만한 소리를 낸다. 우리는 다른 종인데도 그 소리가 고통에 대한 반응임을 알아챌 수 있는 것은, 우리가 고통을 느낄 때 내는 소리와 비슷하기 때문이다. 따라서 인간과 포유류의 유사성을 근거로 포유류가 특정 종류의 고통을 느낄 수 있다는 결론을 내리는 것은 합당해 보인다. 그러나 인간과 다른 포유류들 간에는 차이들도 존재한다. 예컨대 몇몇 침팬지를 예외로 하면 다른 포유류들은 언어를 사용하지 않는다는 점이다. 그러나 이는 고통을 느낀다는 사실을 부정하기에는 관련 없는 차이점이다. 곤충은 포유류에 비해 인간과 훨씬 덜 유사하다. 따라서 인간과 곤충의 유사성을 근거 삼아 곤충의 고통에 대해 어떠한 결론을 내린다면, 이는 앞서 논한 포유류의 고통에 대한 결론에 비해 근거가 빈약하다.

한 가지 예를 더 들어보자. 어떤 전문가들은 미국에서 총기 소지 금지법은 총기 사건을 억제하기는커녕 증가시킬 것이라고 주장한다. 그들의 논리는 금주법이 시행되던 시대에 알코올이 금지되었을 때 알코올 관련 범죄가 오히려 크게 증가한 사실을 근거로 한다(※ **상호관련성과 인과관계의 혼동**). 이와 유사하게 그들은 총기 소지 금지가 총기 밀매를 증가시키고, 범죄자들은 지금보다 총기를 쉽게 얻을 수 있을 거라고 말한다. 그리고 범죄자들이 총기를 더 많이 얻게 되면 더 많이 사용하게 되리라는 것이다. 이 논증은 금주법 시행 시대의 알코올 금지와 오늘날의 총기 금지 사이에 관련된 유사성이 있다고 믿기에 가능하다. 그러나 이 주장은 사실

다른 **가정**도 하고 있다. 바로 "범죄자가 총기를 소지하면 사용할 가능성이 크다"라는 것과 "총기 소지가 널리 퍼지면 나도 총을 맞을 위험이 있다는 생각 때문에 (다시 말해 상대방도 총을 쏠 가능성이 높기 때문에) 총기 사용이 억제되는 일은 없다"는 것이다. 하지만 논증의 중점은 유비에 기반을 두고 있다. 그리고 이것이 매우 약한 유비임은 아주 쉽게 파악된다. 알코올 금지와 총기 금지는 중대한 점에서 많은 차이가 있기 때문이다. 예컨대 알코올은 마시면 없어지지만, 총기는 쓴다고 해서 없어지지 않는다. 만약 비교된 두 대상 사이에서 중대한 차이점이 드러날 경우, 유비를 근거 삼아 도출된 결론을 지지하려면 다른 독립적인 근거가 필요하다. 논증의 결론이 참으로 드러나더라도(**※ 나쁜 근거의 오류**) 그 유비논증이 결론의 결정적 근거가 되었다고 할 수는 없다.

유비는 종종 **수사법**의 형태로 사용되기도 한다. 예를 들어 히틀러는 영국의 목을 닭처럼 비틀기 위해 진군한다고 표현했다. 이는 강력한 나치 독일 앞에서 영국은 아주 나약하다는 함축을 담고 있다. 영국과 독일의 관계가 도축될 닭과 그 닭을 앞에 둔 농부에 비유된 것이다. 처칠Winston Churchill은 이를 "닭 나름이고 목 나름이지"라는 말로 반박함으로써 히틀러가 제시한 비유는 관련된 측면에서 각각의 비교 대상이 지닌 유사성이 약하며, 결론적으로 독일이 영국과 그 동맹국들을 쉽게 격파할 것이라는 히틀러의 믿음과 결론은 정당하지 않음을 암시했다. 사실 히틀러와 처칠 모두 자신들의 결론에 대한 논증을 제시하지는 않았다.

유비가 강하다면, 이는 논증에서 안전한 기반이 되어준다. 그러나 유비가 아주 강한 경우에도 오도될 여지는 있다. 일반 버섯과 독버섯은 아주 비슷해 보이며, 관련된 측면에서 서로 밀접한 연관과 유사성이 있지만, 전자는 먹을 수 있고 후자는 독성이 있다. 이에 비추면 두 대상이 어떤 측면에서 매우 유사하다는 점을 근거로 했기에 결론을 내릴 훌륭한 근거가 있어 보이더라도, 그것만으로는 확실한 결론을 이끌어내기 부족하다는 사실이 드러난다. 이는 유비에 기초한 주장을 피해야 한다는 말이 아니다. 다만 주의가 필요하며, 어느 경우에나 그렇지만 결론에 대한 다른 독립적 근거를 탐색해야 한다는 뜻이다. 어떤 유사성과 유비가 모든 측면에서 또는 대부분의 측면에서 결론을 지지할 것이라는 기대는 비합리적이다. 논증이 설득력이 있다면 이는 관련이 있는 측면에서 유비가 성립했기 때문이다. 물론 어떤 측면에서 관련이 있는지 결정하는 것은 주로 맥락이다. 비판적 사고에 대해 말할 수 있는 상황이 대개 그러하듯이, 여기서도 개별적이고 구체적인 상황과 맥락을 예민하게 파악하는 것이 매우 중요한데 교과서만으로 파악하기는 거의 어렵다.

의심의 이득 benefit of the doubt

의심스러운 부분들을 유리하게 해석하는 것(※ 무지에 의한 증명).

이것 다음에, 즉 이것 때문에 post hoc ergo propter hoc

어떤 사실이 그 다음에 일어났다는 이유만으로 먼저 일어난 일을 그 원인으로 믿는 것

상호관련성과 인과관계의 혼동의 일종

인과관계 cause and effect

※ **상호관련성과 인과관계의 혼동; 이것 다음에, 즉 이것 때문에**

인신공격 getting personal

논쟁에서 상대방의 논증으로부터 잘못을 찾는 것이 아니라 그의 개인적 특징을 공격하는 것

이런 공격은 전통적으로 사람을 향한 논증으로 알려져 있다(※ **대인 논증**). 인신공격은 대부분 **수사법**적 기교일 수밖에 없다. 논증하는 사람의 신임을 떨어뜨리되, 논증 자체는 손대지 않기 때문이다.

예를 들어 밀집 지역에서 제한속도를 낮추면 사고가 줄어들 거라는 한 정치인의 주장에 대해 어떤 기자가 그 정치인은 음주운전과 과속으로 여러 번 과태료를 낸 적이 있다는 언급으로 공격한다면 이는 인신공격이다. 정치인이 안전

운전을 하는지 여부는 밀집 지역의 제한속도를 낮춰 사고를 줄일 수 있는가의 문제와 전혀 무관하기 때문이다. 정치인의 주장에 대한 평가는 그런 식이 아니라 그 **결론**을 지지하도록 주어진 증거들을 검증함으로써 이루어져야 한다. 기자는 여기서 고려되는 논증으로부터 그 논증을 제시한 인물의 **위선**으로 관심을 전환시켰다. 한 가지 확실한 것은 위선자들도 훌륭한 논증을 펼 수는 있다는 점이며, 실제로 많이 있는 일이기도 하다.

다른 예를 들어보자. 인사위원 중 한 명이 특정 지원자를 강하게 비호하는데, 만약 해당 후보자와 그 위원이 내연 관계였다는 사실이 이후 밝혀진다면 어떨까? 이 사실은 인사위원회의 신뢰를 무너트릴 것이다. 그 인사위원은 특정 지원자의 채용에 **기득권**을 갖고 있었다. 그러나 개인적인 관계가 인사 문제에 영향을 주어서는 안 된다. 많은 지원자들 중에서 해당 지원자를 고용하는 데 좋은 이유가 있다면, 그것은 좋은 이유대로 존중해야 한다. 그런 상황에서 불공정한 점이 있다면 아마도 다른 후보자에게는 열심히 편들며 옹호하는 사람이 없다는 사실일 것이다. 만약 특정 후보자에게 유리한 **편견**이 있다면 인사위원의 관여에 인신공격을 하는 것은 적절하다.

만약 어떤 논증에서 전제의 진리 여부가 중요하다면, 논증하는 사람이 상습적인 거짓말쟁이라고 지적하는 일은 적절할 것이다. 이런 종류의 인신공격은 화자의 특성 중 관련 있는 측면에 초점을 맞추고 있기에 받아들일 만한 논증 방법이다. 이 경우 인신공격이 화자의 특징 중 논점과 관련 있는 점을 겨냥하기 때문이다. 그러나 대부분의 인신공격은 성격 중 무관한 측면에 초점을 맞추기에, 원래 논증이 아닌 딴 곳으로 주의를 돌리게 만든다.

일관성 consistency
두 개의 믿음이 동시에 참일 가능성

두 개의 믿음이 동시에 참일 수 있으면 일관적인 것이고, 그것이 불가능해 동시에 하나만 참일 수 있으면 비일관적인 것이다.

예를 들어 음주운전으로 적발된 사람은 강력히 처벌되어야 한다는 믿음과 음주는 운전의 숙련도에 과도한 자신감을 줄 수 있다는 두 믿음은 일관적이다. 즉, 우리가 두 믿음을 동시에 품는다고 해서 어떤 **모순**이 발생하지는 않는다. 투우는 잔인한 종목이라는 믿음과 런던이 영국 안에 있다는 믿음은 서로 전혀 상관성이 없으며 일관적이다. 그러나 사람의 수정란을 파괴하는 모든 행위는 도덕적으로 잘못되었다는 믿음과 자궁 내 피임기구를 사용하는 것은 도덕적으로 문제가 없다는 믿음을 동시에 지닌다면, 본의 아니게 비일관적인 믿음을 갖고 있는 것이다. 자궁 내 피임기구는 수정을 방해하기보다는 수정란을 파괴하는 식으로 작동하는 경우가 많기 때문이다. 결과적으로 이는 수정란을 파괴하는 행위가 도덕적으로 잘못되었다는 것과, 때로 수정란 파괴를 야기하는 도구를 사용해도 도덕적 문제가 없다는 것을 동시에 믿는 일이라고 할 수 있다. 그 모순을 더욱 노골적으로 표현한다면 "사람의 수정란을 파괴하는 것은 도덕적으로 항상 잘못되었으면서, 항상 잘못된 것은 아니다"라고 믿는다고도 할 수 있다.

원리를 일관되게 적용한다는 것은 합당한 이유 없이 예외를 만들지 않는다는 것이다(※ **임시조항; 한통속으로 몰아가기**). 예를 들어 한 국가가 다른 국가의 내전에 개입하면서 인도주의적 목적이라고 주장할 경우 여기에 일관성이 확보되려면, 유사 상황에서 인도주의적 지원이 필요한 다른 경우에도 비슷한 행동을 취해야 한다. 그렇지 않다면 첫 번째 국가는 내전의 어떤 결과에 대해 **기득권**을 지니며, 인도주의 원리는 그들 개입의 실제 이유라기보다는 거짓된 **합리화**가 아닌지 의심받게 될 것이다.

일반화 generalisation

※ **성급한 일반화; 지방주의**

일화적 증거 anecdotal evidence
자신이나 주변의 아는 사람으로부터 선별적으로 취해진 이야기에서 나온 증거

이런 증거는 대개 특정 사례로부터 일반화하는 식이며(※ **성급한 일반화**), 대부분이 증거라고 하기에는 빈약할 수밖에 없다.

예를 들어 침술이 기존 의학을 적절하게 대체할 수 있는지 토론하던 중, 누군가가 자신의 친구는 침을 맞았는데 효과가 있었다고 말할 수 있다. 그러나 이는 단지 일화적 증거에 불과하다. 우선, 이런 식의 이야기는 전달 과정에서 세부 사항이 왜곡될 수 있다. 더 중요하게는, 이 하나의 사례만을 근거로 침술이 적절한 의술이라고 주장하는 것은 무책임한 행위이기도 하다. 일화적 증거는 침술의 효과에 대한 통제된 과학적 탐구와 다르다. 예를 들어 이를 탐구하려는 과학자는 치료를 받지 않고도 질병에서 자연스럽게 회복하는지 알기 위해서 대조군이 있어야 한다. 과학자는 또한 하나 이상의 사례를 자세히 관찰해야 하고, 단시간에 회복되는지 알기 위해서 개별 사례를 시간별로 추적해야 한다. 당연한 말이지만 플라세보placebo 효과와 자연 치유의 가능성을 고려하면서 침술과 기존 의학의 비교도 해야 한다. 일화적 증거로는 보통 이런 종류의 정보를 신뢰할 만한 형태로 얻을 수 없다. 그저 **소망적 사고**에 불과할 수 있다.

'일화적 증거'라는 말은 흔히 그 증거가 단지 일화적일 뿐이라는 뜻으로, 다시 말해 경멸적인 의미로 쓰인다. 그러나

일화적 증거가 모두 믿을 만하지 못한 것은 아니다. 만약 어떤 증거의 출처를 신뢰할 이유가 있다면, 일화적 증거를 인용해서 결론을 지지하거나 공격할 수 있다. 과학 탐구가 특정 현상에 대한 일화적 증거를 검증하는 데서 시작되기도 한다. 그 일화적 증거를 토대로 삼되, 영향을 줄 수 있는 다른 요인들을 통제한 실험을 거침으로써 그것이 정말 진실에 대한 증거가 될 수 있는지 확인하는 것이다. 예컨대 노인 환자의 수면 중 경련에 무엇이 효과가 있는지 알아보려 한다면, 퀴닌을 섞은 탄산수가 도움이 되었다는 누군가의 일화적 증거를 살펴보는 것으로 조사를 시작할 수 있다. 통제된 환경하에서 환자들에 대한 조사와 관찰을 섬세하게 진행한다면, 아마 그 일화적 증거는 일반화된 결론을 내놓기에 부적절하고, 경련에 대한 퀴닌의 억제력은 충분하지 못하다는 결과가 확인될 것이다.

일화적 증거의 사용이 적절한지 여부는 개별적인 맥락과 일화의 종류에 따라 크게 달라진다.

임시조항 ad hoc clauses

기존의 가설이 새로운 관찰이나 새로 드러난 사실에 모순되지 않도록 만들기 위해 덧붙인 조항

하나의 가설이 그것으로 설명해낼 수 없는 사실과 마주하는 순간, 우리에게는 두 가지 선택지가 있다. 하나는 기존의

181

가설을 폐기하고 새로운 사실을 설명할 수 있는 다른 가설을 수립하는 것이고, 다른 하나는 기존 가설에 특수한 조항, 즉 임시조항을 덧붙이는 것이다. 가설을 임시로 수선하는 것은 받아들여질 수 있는 조치이지만, 그 결과가 항상 성공적이지는 않다. 예시를 통해 살펴보자.

한 정치인이 "부자들이 더욱 부유해진다면 가난한 사람들에게도 이득이 된다. 낙수효과가 발생해 가난한 사람들에게도 부가 분배될 것이기 때문이다"라는 주장을 펼쳤다고 하자. 그리고 5년 동안 연구를 진행한 결과 그러한 낙수효과는 일어나지 않는 것으로 밝혀졌다고 추정해보자(※ **추정**). 그렇다면 정치인의 최초 가설은 폐기될 위험에 처한 것이다. 하지만 다른 선택지로는, 연구 결과로 그 가설이 **논박**되지 않도록 보호해줄 단서를 보충하는 것이 있다. 예를 들어 "부자들이 더욱 부유해진다면, 이것은 가난한 사람들에게도 이득이 된다. 낙수효과가 발생해서 가난한 사람들에게도 부가 분배될 것이기 때문이다. 하지만 그 효과가 최초 5년 간은 눈에 띄지 않을 것이다"라고 가설을 수정하는 것이다. 만약 해당 국가가 불경기로부터 막 호전된 상태라면 "하지만 부자들이 더욱 부유해지는 효과는 불경기 때문에 가려질 것이다"와 같은 다른 임시조항이 덧붙어도 좋을 것이다.

한 생물학자가 "독자적으로 생존하는 모든 유기체는 단세포이거나 다세포다"라는 가설을 제시했다고 하자. 그러나 점균으로 알려진 기괴한 생물의 존재는 이 가설이 틀렸음을 입증한다. 그 가설은 **잘못된 이분법**인 것이다. 이 점균은 생장의 어떤 단계에서는 독립된 단세포 유기체이지만, 어떤 단계에서는 서로 합쳐져 다세포의 형태가 되기 때문이다. 그에 따라 생물학자는 "독자적으로 생존하는 모든 유기체는 점균을 제외하면 단세포이거나 다세포다"라고 가설을 수정할 수 있다. 이 수정안은 현재로서는 받아들여진다. 하지만 만약 점균처럼 단순한 이분법에 저항하는 종이 많아서 임시조항을 계속 더하게 된다면, 어느 지점에 이르러서는 일반화가 무력하게 된다.

조항을 달아 가설을 세부적으로 다듬는 일과 예외적 조항을 열거해 일반화를 무력하게 만드는 일은 종이 한 장 차이다.

임의적 재정의 arbitrary redefinition

※ 약정적 정의; 험프티덤프팅

---

iff

논리학에서 '만약 …라면, 그리고 그럴 때만if and only if'을 줄여 쓰는 말

ㅈ

자기기만 self-deception

※ 소망적 사고

자비의 원리 charity, principle of

다른 사람의 논증이나 입장을 가능한 한 최선의 것으로 해석하고 받아들이는 것

이 원리를 채택한다는 것은 상대가 말한 것을 공격하기 쉬운 대상으로 만드는 것이 아니라 가장 훌륭한 것으로 해석할 여지를 끊임없이 탐색한다는 것이다. 이는 허수아비를 세우는 것과는 정반대의 태도다(※ **허수아비 공격하기**). 이런 의미에서 논쟁 중에 자비를 베푸는 사람은 상대방의 입장을 우스꽝스럽게 여기는 것이 아니라 거기서 의심 가는 부분을 최대한 상대방에게 유리하도록 해석하겠지만, 그 내용들이 적합한가의 문제는 전적으로 문맥에 달려 있다.

일상에서 이루어지는 토론의 대다수는 화자가 중요한 요소를 빠뜨리거나 자신이 전제하는 **가정**을 명확히 하지

185

않는 등 많은 면에서 허점이 있다. 결과적으로 토론을 이루는 많은 요소들에서 다양한 해석의 여지가 발생한다. 자비의 원리를 취하는 사람은 불완전하게 주어진 상대의 논증을 분석하고, 때로는 설명이나 사유를 적절히 재구성한다. 다른 사람이 마주한 난제나 그 논증의 가장 개연성 있는 형태에 대해 생각해보는 일은 의미 있는 지적 자극이 될 것이다. 그 과정은 몇 개의 **언명**에서부터 강력한 논증을 재현해내는, 일종의 논리적 상상력이 발휘되어야 하기 때문이다.

예를 들어 동물 보호에 대한 논쟁 중에 한 화자가 모든 동물은 평등한 권리를 보장받아야 한다고 주장했다 치자. 누군가가 이에 반대해, 기린에게 투표권이나 소유권을 인정해준다 한들 기린이 그 개념들을 이해하지 못하기 때문에 결국 아무 의미 없을 것이라고 주장할 수 있을 것이다. 하지만 "모든 동물은 평등한 권리를 보장받아야 한다"라는 말의 좀 더 개연성 있는 해석은 문자 그대로가 아니라 "모든 동물은 위해로부터 보호받을 평등한 권리를 보장받아야 한다"일 것이며, 문맥에 따라 그렇게 받아들이는 게 적절할 것이다. 자비의 원리를 취하는 사람은 쉽게 **논박**되는 허수아비를 만들어 쓰러뜨리는 일에 만족하기보다는 상대방의 논증을 때로 강박적으로, 가장 강력한 형태로 재구성한다. 이런 과정은 **녹다운 논증**으로 상대를 쉽게 논박하려 할 때에 비하면 한결 활발한 토론을 이끌어낼 수 있을 것이다.

그러나 이런 접근은 단순한 지적 훈련 이상의 의미를 지니지 못할 수도 있다. 상대가 정말로 당신이 재구성한 논증을 의도했다는 보장이 없기 때문이다. 즉, 논증의 이상적인 형태를 만들려는 목적이 아니라 상대를 돕기 위한 목적이었다면 그런 역할을 전혀 수행하지 못할 수 있는 것이다. 그리고 어떤 논증이 논리적으로 아주 강력해졌어도 여전히 반대 논증이나 논박을 받을 여지는 남아 있을 수 있다.

논쟁에서 반드시 자비의 원리를 채택해야 하는 것은 아니며, 애쓴 결과가 부적절하고 보람마저 없을 수 있다. 하지만 이는 허수아비를 공격하는 행위나 필요 이상으로 부정적으로 해석하는 등의 문제들에 대한 예방책이 된다.

잘못된 오류 지적 false charge of fallacy
※ '그건 오류입니다'

잘못된 이분법 false dichotomy
가능한 선택지들의 경우를 곡해하는 진술(※ 대안적 설명)

이분법이란 "모든 물고기는 비늘이 있거나 없다"라는 문장처럼 무언가를 두 부류로 나누는 것이다. 잘못된 이분법이란 많은 선택지들이 있는데도 언급하지 않음으로써 오직 두 가지 선택지만 있는 것처럼 이분법을 세우는 경우를 말한다.

예를 들어 "우리를 돕지 않으면 넌 우리의 적이다"라는 표현은 대부분의 상황에서 잘못된 이분법이다. 어느 쪽 편을 드는지에 대해서는 완전히 무관심한 세 번째 선택지, 혹은 아직 마음을 결정하지 않았다는 네 번째 선택지를 완전히 무시하고 있기 때문이다. 마찬가지로 누군가 "당신은 신이 존재한다고 믿거나 신이 존재하지 않는다고 믿을 것이다"라고 말한다면 이 역시 잘못된 이분법이다. 불가지론不可知論*이라는 유명한 세 번째 선택지를 무시하고 있기 때문인데, 이는 그 중대한 문제에 대한 태도를 결정하기에는 증거가 불충분하다고 주장하는 이론이다. 아울러 이마저도 잘못된 삼분법이 될 수 있다. 일부 철학자들은 이 문제에 다른 입장도 있다고 주장한다. 그 입장에는 아직 통용되는 명칭이 없지만, 신의 존재라는 개념은 그 자체로 완전히 무의미하며 '참'도 '거짓'도 '증명되지 않은 것'도 될 수 없다고 믿는 입장이다.

인간이란 자신의 이해관계를 따르기 마련이라고 주장하는 사람들은 "만약 당신이 자신의 이익을 최우선으로 두지 않는다면, 순교자 행세를 하며 다른 사람을 위해 자신의 욕구를 희생시킬 뿐이다"라고 말할 수 있다. 화자가 제시한 두 개의 극단적인 선택지 외에도 많은 선택지가 있을 수 있으므로 이는 잘못된 이분법이다. 예컨대 다른 사람들에게 도움이 절실하게 필요할 때는 그들을 돕고 평소에는 자신의 이익을 우선하기로 결정하는 선택지도 가능하다. 결국 자신

● 인간은 신을 인식할 수 없다는 종교적 인식론.

의 욕구를 완전히 포기하지는 않으면서 다른 사람의 이익에도 관심을 보일 수 있다는 뜻이다.

잘못된 이분법은 본인도 모르게 형성될 수도 있고 고의적으로 만들어질 수도 있다(이렇게 말하는 것도 아마 잘못된 이분법이다). 보통 전자는 가능한 입장들에 대한 이해가 부족한 경우에 발생하고, 후자는 **현학**하는 태도에서 발생한다.

전건 antecedent

'만약 p면 q다'라는 진술의 앞부분(※ 조건문)

예를 들어 "만약 당신이 컴퓨터 앞에서 많은 시간을 보낸다면, 당신의 눈은 피로해질 것이다"라는 문장의 전건은 "당신이 컴퓨터 앞에서 많은 시간을 보낸다"이다(※ **전건긍정, 전건부정, 후건, 후건긍정, 후건부정**).

전건긍정 affirming the antecedent

'만약 p면 q다/ p다/ 따라서 q다'와 같은 형식의 타당한 논증(※ 타당성)

p와 q에는 문제에서 다루려는 어떤 진술이든 대입할 수 있다. 여기서 p가 전건이고 q는 후건이다. 다음은 전건긍정의 형식을 지닌 논증의 예다.

만약 당신이 책을 산다면 저자는 인세를 받을 것이다.

당신은 책을 샀다.

따라서 저자는 인세를 받을 것이다.

다른 예는,

만약 당신이 금붕어라면 당신은 자전거를 탈 수 있다.

당신은 금붕어다.

따라서 당신은 자전거를 탈 수 있다.

이 두 번째 논증에서 주어진 첫 번째 **전제**는 터무니없는 것이다. 하지만 그런 사실은 논증의 타당성에 영향을 미치지 않는다는 데 주목하라. 제시된 두 논증은 동일한 논리적 형태를 지녔고, 그에 따라 똑같이 타당한 논증이다. 전건긍정은 **형식적 오류**의 하나인 **후건긍정**과 구분되어야 한다.

전건부정 denying the antecedent

'만약 p면 q다/ p가 아니다/ 따라서 q가 아니다'의 형식을 지닌 형식적 오류

후건긍정의 오류처럼 '만약'이라는 말을 '만약 …라면, 그리고 그럴 때만'이라고 여길 때 생기는 오류다. 다음은 전건부정의 사례다.

만약 주가가 오른다면 당신은 부자가 될 것이다.

주가가 오르지 않았다.

따라서 당신은 부자가 되지 않을 것이다.

사실은 주가가 오르지 않았어도 당신은 부자가 될 수 있다. 주가 상승이 당신을 부자로 만들어줄 유일한 길은 아니다. 다른 예를 살펴보자.

만약 당신이 밭에 말똥오줌 거름을 준다면 당신은 채소 수확량을 늘릴 수 있을 것이다.

당신은 밭에 말똥오줌 거름을 주지 않았다.

따라서 당신의 채소 수확량은 늘지 않을 것이다.

여기서도 말똥오줌 거름을 주는 것이 채소 수확량을 늘리는 유일한 방법이라 할 수는 없다. 당신은 밭에 두엄이나 해초, 돼지 똥오줌, 아니면 무기물로 된 다른 거름을 주었을 수도 있다. 따라서 결론은 전제로부터 논리적으로 도출되지 않는다. 요컨대 이는 **무관한 추론**이다.

논증의 주제나 맥락에 따라 '만약'이라는 말을 '만약 … 라면, 그리고 그럴 때만'으로 받아들여야 하는 경우도 있다. 물론 그런 경우에는 앞에서와 같은 오류가 발생하지 않는다. 다음은 '만약'이라는 말만으로 '만약 …라면, 그리고 그럴 때만'을 뜻하는 경우다.

만약 당신에게 복권이 있다면 당신은 당첨금을 받을 기회
가 있는 것이다.
당신에게 복권이 있지 않다.
따라서 당신은 당첨금을 받을 기회가 없다.

복권이 있는 것이 당첨금을 탈 기회를 얻는 유일한 길이기
때문에 이는 전건부정의 오류가 아닌 타당한 논증이다(**※ 타
당성**).

전문용어 technical terms
※ 부적절한 은어

전제 premises
결론을 도출해내는 추정

전제는 **논증**에서 결론이 참이거나 거짓이라고 믿을 근거가
되는 요소다. 다음은 두 개의 전제에서 하나의 결론이 도출
되는 논증의 예시다.

전제 1: 당신이 비행기로 대서양을 건넌다면 피곤한 상태
로 목적지에 도착할 것이다.

전제 2: 당신은 비행기로 대서양을 건너고 있다.

결　론: 그러므로 당신은 피곤한 상태로 목적지에 도착할
　　　　것이다.

이때 알아둘 것은, 전제들이 실제로 참이 아니어도 논증은
그 형식에서 타당할 수 있다는 점이다(※ **타당성**). 그리고 논
증의 형식이 타당하고 전제들이 참이라면 결론은 반드시
참이 된다.

절약의 원리 parsimony, principle of

※ **오컴의 면도날**

정의 definition

※ **사전적 정의; 소크라테스적 오류; 순환정의; 약정적 정의; 필요충
분조건; 험프티덤프팅**

정의情意적 언어 emotive language
감정을 불러일으키는 말

주로 발화자가 어떤 사람, 단체 혹은 행동에 대한 칭찬이나 불만을 표현할 때 사용된다. 정의적 언어로 불러일으키는 전형적인 감정은 증오감과 찬양인데, 둘 중에는 전자가 더 자주 의도되곤 한다.

예를 들어 사형에 반대하는 사람은 사형을 두고 '살해'로 표현할 수 있을 것이다. 그리고 이는 그 표현을 접하는 사람들이 법에 의해 사람이 죽는 일에 혐오를 갖도록 하거나, 적어도 그에 대한 반감이 강화되도록 하는 목적을 지닌 **수사법**이라고 볼 수 있다. 화자는 잔인한 죽임과 악이 연상되는 '살해'라는 말을 정의적 언어로 사용함으로써 청중들이 불법적 살인 행위와 사형에 대해 같은 느낌을 품도록 유도한다. 화자는 강한 감정을 불러일으킴으로써 사형제도 찬반 논증에 대한 비판적 고찰을 어렵게 만든다.

노숙자를 '사회의 희생자'라고 부르는 것은 연민을 드러내는 동시에 청중들에게 동정심을 일깨운다. 반면 그들을 '게으른 낙오자'라고 부르는 것은 반감을 표현하며 청중들에게 적개심을 품게 하려고 의도된 것으로 볼 수 있다.

정치적 목적의 달성을 위해 무력을 사용하는 사람들을 '테러리스트'라고 부를지 '자유 투사'라고 부를지 결정하는 것은 전적으로 그들의 목적과 성취를 어떻게 평가하는지, 그들을 적으로 보는지 아군으로 보는지에 달려 있다. 나아가 명칭이라는 것은 대상에 대한 평가를 표현하는 데 그치지 않고 그 말을 접하는 사람들에게도 특정 느낌을 불러일으키기 쉽다는 점을 알아야 한다. 정치적 목적을 달성하려고 무력을 사용하는 사람들에 대한 완전히 중립적인 용어는 없다. 사실 어떤 목적으로 누군가를 다치게 하거나 죽이거나 죽임을 당하는 일에 대해 우리가 중립적 반응을 보이는 경우가 거의 없다고 해도 그다지 놀랄 일은 아닐 것이다. 경우에 따라서는 판단을 피하는 언어를 사용하는 일이 도덕적 무관심이나 무사안일주의의 증표가 되기도 한다.

그러나 양극화된 견해를 지닌 사람들이 합리적 토론이나 협상을 할 가능성이 있을 때는 정의적 언어의 사용을 되도록 피하는 편이 좋다. 정의적 언어는 종종 **선결문제 요구의 오류**를 포함하거나, 반대 입장의 사람들에게는 오히려 적대감을 키울 수 있기 때문이다. 또한 그것은 때로 명시적으로 말하면 거짓이지만 진술하지 않은 상태에서는 설득력이 있을 수 있다는 **가정**을 담고 있다.

정의적 언어의 사용은 도덕적 판단의 본질을 논하는 철학 이론인 정의주의情意主義와 혼동되면 안 된다.

정치인의 대답 politician's answer

어떤 질문을 받았을 때 공적으로 정말 밝히고 싶지 않은 경우 직설적인 대답을 피하는 수사법적 기술

무관한 것의 일종으로 정치인이 라디오나 텔레비전 인터뷰를 할 때 자주 발견할 수 있다. 정치인은 직설적인 질문에 대해 직설적인 답을 주는 것은 피하고, 그 대신 관련된 다른 주제에 대한 짧은(가끔은 꽤 긴) 발언을 한다. 이런 속임수는 내적으로는 정합성이 있는 발언을 함으로써 면밀한 질문들에 자신감 있고 그럴듯하게 응답하는 것처럼 보이게 만드는 효과가 있다. 이렇게 주의를 돌리는 전략은 잠재적으로 부담이 될 수 있는 질문에 곧이곧대로 답하는 것을 피하는 한편, 짧은 정당 정치 방송에서 정당의 입장을 피력할 기회로 삼을 수도 있다. 이는 일종의 **사실 축소**가 되기도 한다.

예를 들어 한 정치인이 "임기 중에 세금을 올릴 의향이 있는가?"라고 단순히 긍정 혹은 부정으로 답할 수 있는 질문을 받았을 때, 다른 정당의 세금 정책이나 특정 과세제도의 도덕성 또는 소속 정당이 과거에 지지한 세금 정책의 정당성에 대해 논하는 식이다. 집중해서 듣지 않으면 최초의 질문이 무엇이었는지 놓치기 쉽고, 계속되는 수사법에 의해 납득되어 버릴 수 있다. 불행히도 이런 기술은 (체면을 세우기 위해 정직하지 못한 수사적 기교를 쓴다고 생각되는) 정치인만 쓰는 것이 아니다. 무언가를 책임질 위치에 있지만 당면한 책

임을 회피하려는 많은 사람들에게 널리 사용되는 기술이다
(**※ 말린 청어 놓기**).

조건문 conditional statement
'만약 p면 q다' 형식의 문장

다음은 조건문의 예다.

> 만약 알람이 울린다면 누군가 당신의 차에 침입하려 한 것
> 이다.
> 만약 당신이 땅을 일구면 좀 더 비옥한 땅이 될 것이다.
> 만약 다윈의 진화론이 참이라면, 우리는 유인원의 후손이다.

조건문이 참인지 거짓인지 여부는, **전건**이 참인지 거짓인지
에 달린 것이 아니라 전건과 **후건**의 관계에 달린 문제다. 다
음은 전건이 거짓이지만 조건문은 참인 예다.

> 만약 르네 데카르트가 아직 살아 있다면, 그는 400세가 넘
> 는다.

조건문이 참이라는 것은, 전건이 참이라고 가정할 때 후건
은 틀림없이 참임이 보장된다는 것이다(**※ 가설 배제하기**).

조롱 ridicule

※ 대인 논증; 인신공격; 허수아비 공격하기

'조사 결과에 따르면 …' 'research has shown that …'

자신이 말하는 바가 확고한 경험적 증거에 의해 지지받는다는 것을 보여줌으로써 상대방을 설득하려 할 때 사용하는 말

그러나 이 말을 통해 무언가를 주장하는 일은, '조사'라고 말한 것을 꼼꼼히 제시해 주장을 뒷받침하지 않는다면 **모호함**을 유발한다. 누가 그 조사를 실시했는지, 그 결과는 해당 분야의 다른 사람들의 확인을 거쳤는지 등의 질문은 조사를 인용할 때 반드시 답할 수 있어야 하는 것이다. 그렇지 못하다면 귀 기울여 들을 이유가 없는 실속 없는 말이나 다름없다.

각 분야의 전문가들은 '조사 결과에 따르면'과 같은 말을 비교적 모호함 없이 정확한 의미로 사용하는 편이다. 그들은 특정 연구를 언급할 가능성이 훨씬 크다. 실제로 이 말은 주의해서 사용해야 한다. 어떤 사람들은 이 말을 쓸 때 조사 결과로 자신이 믿는 바가 '사실로' 드러났다고 진지하게 믿는다. 하지만 그런 믿음은 **소망적 사고**일 수 있다. 비록 주장하는 바와 조사 결과가 일치한다고 하더라도, 화자가 그 관계를 제대로 이해해서가 아니라 우연의 일치가 일

어난 것일 수도 있다(※ **나쁜 근거의 오류**).

좋은 집단 연상의 오류 good company fallacy

※ 고두의 예; 권위에 의한 진실; 나쁜 집단 연상의 오류; 만물박사

주의 끌기 distraction

※ 말린 청어 놓기; 무관한 것; 연막; 정치인의 대답

주제와 동기의 혼동 subject/motive shift

※ 인신공격

증거 evidence

※ 경험적; 일화적 증거; '조사 결과에 따르면 …'

지나친 단순화 oversimplification

※ 허수아비 공격하기; 흑백논리

지방주의 provincialism

자신이 살고 있는 지역의 관행을 근거로 삼아 바른 행동의 보편적 기준에 대한 일반화를 시도하는 것(※ 성급한 일반화)

이런 논증 방식은 물론 신뢰할 수 없는 것으로, 이미 명칭에서부터 일종의 **편견**을 포함하고 있음을 확인할 수 있다. '지방주의'란 자신의 지역에서 한 번도 벗어나본 적이 없어서 상대적으로 그 밖의 세계에 대한 지식이 적은 사람에게는 자기 지역에서만 특별히 행해지는 것이 온 누리에 적용되어야 한다거나, 적어도 가장 좋은 해결책이라고 가정하는 경향이 있다는 생각이다. 이런 일반화가 믿을 만하지 못하다는 점은 당연해 보인다.

예를 들어 옥스퍼드대학 내 주빈 식탁의 구식 식사 예절에 따르면 바나나 껍질을 포크와 나이프로 벗겨 먹어야 하므로 몇몇 교수가 손으로 벗겨 먹는 것에 대해 교양이 부족하다고 믿는 식이다.

지시적 애매함 referential ambiguity

※ 애매함

질문 questions

※ 복합 질문; 수사법적 질문

차악의 선택 least worst option
썩 마음에 들지는 않더라도 그런 것 중에서는 가장 나은 선택

여러 정치 형태 중 대의민주주의에 흔히 '차악의 선택'이라
는 이름이 붙은 것은 유명하다. 그것은 가령 다수에 의해
정치 지도자를 퇴임시킬 수 있는 등 장점이 여럿 있지만, 훌
륭한 정치 지도자의 역량과 무관한 요소도 표심에 영향을
줄 수 있다는 문제가 있다. 하지만 실행 가능한 정치 형태
중 그보다 나은 것이 없다는 것을 받아들이면, 이는 '차악
의 선택'이 된다. 그것을 '최선'이라고 부른다면 더 긍정적인
어감을 지닐 것이다. '최선'은 분명히 좋은 것을 함축하는
듯 보이니 말이다.

우리는 특별히 좋을 것이 없어 보이는 선택지들 중에서
무언가를 골라야 하는 상황에 자주 처한다. 그중 어떤 것이
든 반드시 골라야 한다면, 완전히 이상적인 선택이 아님을
알더라도 다른 대안에 비해 그나마 나은 것을 선택해야 할
것이다. 어떤 학부모가 자신이 사는 지역에 있는 세 개의 학
교 중 자녀가 진학할 곳을 정할 수 있는데, 자신이 생각하

는 이상적인 학교 모습과 부합하는 곳이 없다고 해보자. 우리는 선택을 해야 하고, 차악의 것을 골라야 한다. 그런 선택을 한다고 해서 이런 형편없는 선택을 하게 만든 지역 교육청의 일이 정당화되는 것은 아니며, 특정 학교가 뛰어나다고 인정하는 것도 아니다(중간밖에 안 되거나 더 나쁠 수도 있다).

윌리엄 스타이런William Styron의 소설《소피의 선택》은 나치의 위협 앞에서 딸이나 아들 중 한 명만 구하거나 둘 다 죽게 놔두어야 하는 끔찍한 선택지들 앞에 놓인 한 어머니를 다루고 있다. 어머니는 그 순간에 차악의 선택을 했는데, 바로 살아날 확률이 더 높다(어머니는 그렇게 되뇐다)고 판단되는 아들을 구하는 것이다. 하지만 이 고통스러운 선택에 대한 기억은 끊임없이 그를 괴롭힌다.

차악의 선택을 해야 했을 때, 그것이 차악의 선택이었음을 인정하는 것은 매우 중요하다. 또한 실생활에서 결정을 하는 상황일 때 여러 선택지가 어떻게 제한되며 그 결정이 얼마나 실제적인 고려에 따라 이루어졌는지 명확히 인식해야 한다.

추론 inference

※ 함축하다/추론하다

추정 supposition

실제로 그럴 거라고 믿지 않더라도 논증을 위해서 가정한 전제

'상정'이라고도 한다. 추정은 **언명**과 달리 참으로 가정되는 바가 아니며, 오히려 무엇이 참인지 밝히기 위해 사용되는 장치라고 볼 수 있다.

예를 들어 사건 현장을 수사하던 경찰이 "살인자가 창문을 통해 들어왔다고 추정해보면 그 흔적을 찾을 수 있을 거야"라고 말할 때, 그는 살인자가 분명 창문을 통해 들어왔으리라고 단언하지 않는다. 그런 상태로 살인자가 창문을 통해 들어왔다는 추정 아래 일련의 추론을 하려는 것이다. 즉, 가설을 만들고 있는 것이다.

범죄 영화에 대한 논쟁에서 누군가 이렇게 말할 수 있다. "네 말대로 범죄 영화가 일부 시청자의 폭력성을 촉발한다고 추정해보자. 그럴 때 만약 범죄 영화가 없었다면 그들의 폭력성이 무엇으로도 촉발되지 않을 것이라 확신할 수 있을까?" 화자는 범죄 영화가 폭력성을 촉발한다고 믿지 않는다. 그리고 만약 범죄 영화가 폭력성을 촉발한다고 하더라도, 그 사실로부터 범죄 영화만이 유일하게 촉발했다고 할 수는 없다고 지적한다. 화자는 범죄 영화를 보는 것이 폭력성을 촉발하는가에 대한 논증을 위해 추정해보라고 요청하는 것이다(※ **악마의 변호인**).

충분조건 sufficient condition

※ 필요충분조건

캐묻기 quibbling

※ 현학

캐치-22 Catch-22

다른 규칙은 분명 출구를 허용할 때, 출구를 허용하지 않는 규칙

'Catch-22'라는 비유적 표현은 조지프 헬러Joseph Heller의 동
일한 제목의 소설에서 유래한다. 작품은 더 이상 위험한 전
투 임무를 중단하고, 이제는 땅으로 내려가기를 절실히 원
하는 전시의 비행기 조종사들의 이야기를 그려낸다. 그들
사이에는 미친 사람은 땅으로 내려보낸다는 규칙이 있다.
어떤 조종사들은 땅에 내려가기 위해 스스로 미친 척을 한
다. 하지만 땅에 내려보내 달라고 제안하는 사람이 있다면,
이는 그가 제정신이라는 결정적인 증거가 된다. 전쟁에서
벗어나길 원하는 사람을 미쳤다고 볼 수는 없다. 반면 전투
임무를 지속한다는 것은 그야말로 미친 짓이다. 이것이 '캐

치-22'다. 결과적으로 그 누구도 땅으로 내려갈 수 없다. 헬러는 소설 속에 이렇게 썼다. "그곳에는 문제점이 단 하나 있었으니 바로 캐치-22였다. 만약 앞으로 임무를 더 수행하려 한다면 그것은 미친 것이었으며, 그렇다면 임무를 수행할 필요가 없었다. 반면 임무 수행을 원치 않는다면 정상이라는, 즉 임무를 수행해야 한다는 의미였다."

일부 사람들은 '캐치-22'를 이보다 느슨한 의미로 쓰기도 한다. 가령 까다로운 상황을 묘사하기 위해 사용한다. 그러나 헬러가 묘사한 것에 가까운 상황이 가장 기본적인 의미다.

다음은 '캐치-22'라고 불러도 합당한 예다. 출판업계 직장을 구하기 위해 출판사에서 관련 업무의 경험으로 자신의 업무 적합성을 증명해야 하는 상황을 상상해보자. 유사 경력이 없다면 면접조차 볼 수 없다. 그러나 경험을 얻을 수 있는 유일한 길은 선발 과정을 통과하는 것인데, 그것이 이미 업무 경험을 요구한다면 당신은 '캐치-22'의 상황에 놓인 것이다. 관련된 업무 경험이 있을 때만 출판계에서 직장을 얻을 수 있을지 모르지만, 업무 경험을 쌓는 것은 어쨌든 출판계에서 일하는 데 필요한 전제조건이다. 따라서 당신은 결국 출판계에 발을 디딜 수 없다.

타당성 validity
좋은 연역 논증이 지니는, 진리를 보장해주는 성질(※ 연역법)

타당한 논증에서는 **전제**가 참이면 **결론** 역시 참이라고 보장된다. 형식 면에서 타당한 논증이더라도 전제에 거짓이 섞여 있다면 그 결론은 참임이 보장되지 못한다. 참인 결론을 가질 수는 있지만, 단지 타당성 때문이라고는 확신할 수 없다. 타당성은 진리와 혼동되면 안 된다. 타당성은 언제나 논증 구조상의 특성으로, 그 논증의 진술들은 참일 수도 있고 거짓일 수도 있다. 논증은 결코 참이거나 거짓일 수 없으며, 진술은 결코 타당하거나 부당할 수 없다(일상 언어에서는 '타당'과 '부당'이라는 말이 '참'과 '거짓'의 동의어로 쓰이는데, "세금이 너무 높다는 수상의 진술은 타당하다"와 같은 문장이 그런 예다). 또 오직 연역 논증만이 타당하거나 부당할 수 있다. 다음의 논증을 예로 살펴보자.

만약 화재경보가 울리면, 모두 가장 가까운 비상구로 향해야 한다.

화재경보가 울리고 있다.

따라서 모두 가장 가까운 비상구로 향해야 한다.

이 논증의 구조는 다음과 같이 적을 수 있다.

만약 p면 q다.

p다.

그러므로 q다.

p와 q 자리에 논증에 넣고 싶은 어떤 상황이든 넣으면 된
다. 그리고 무엇을 넣든 논증의 타당성에는 영향을 주지 않
는다. 앞의 형식대로라면, 전제가 참인 한 결론은 틀림없이
참이다. 이러한 논증의 형식은 **전건긍정**(라틴어로 '모두스 포넨
스modus ponens')으로 알려져 있는데, 다른 예를 더 살펴보자.

누구든 법을 어기면 기소된다.

나의 지인이 법을 어겼다.

따라서 그는 기소될 것이다.

역시 전제가 참이라면 결론도 반드시 참이 된다. 그리고 다
음은 타당하지 않은 형식의 논증이다.

모든 인간은 언젠가 죽는다.

프레드는 언젠가 죽는다.

따라서 프레드는 인간이다.

이 논증은 겉보기에 다음의 타당한 논증과 비슷하게 생겼다.

모든 인간은 언젠가 죽는다.
프레드는 인간이다.
따라서 프레드는 언젠가 죽는다.

그러나 첫 번째 논증에서는 참인 결론이 보장되지 못한다. 두 전제가 참일 때 프레드는 사람이 아니라 고양이 또는 언젠가 죽는 여타의 존재일 수도 있는 것이다. 반면 두 번째 논증에서는 두 전제가 참이라는 사실이 확인되면 결론도 참이라고 확신할 수 있다. 타당하지 않은 형식의 논증을 다른 말로 **형식적 오류**('오류'라는 말은 나쁜 방식의 논증이나 심지어 나쁜 믿음을 가리키기 위해 느슨하게 쓰이기도 한다)라고 한다 (**※ 비형식적 오류; '그건 오류입니다'**).

터무니없는 결과 유도하기 absurd consequences move
참이라면 터무니없는 결과가 동반됨을 보여줌으로써 그것이 잘못되었거나 적어도 지지하기 힘든 것임을 증명하는 일

종종 **귀류법**이라고 불린다. 이는 상대의 입장을 논박하기 위해 흔히 쓰이면서도 효과가 좋은 방법이다(**※ 논박**). 예를 들

211

어 누군가가 "정신에 영향을 주는 약물을 복용하는 모든 사람은 사회에 유해하며, 따라서 사회로부터 격리되어야 한다"라고 **언명**한다면, 이는 터무니없는 결과를 유도해봄으로써 쉽게 논박할 수 있다. 우선 알코올은 정신에 영향을 주는 약물 중 하나이고, 사회 발전에 지대한 기여를 한 위인들 중 아주 많은 사람들이 종종 술을 마시곤 했다. 한 번이라도 알코올을 섭취한 적이 있는 사람을 모두 사회로부터 격리시켜야 할까? 그것이 터무니없다는 사실은 명백하다. 따라서 그래야 한다는 결론을 이끄는 일반화는 옹호될 수 없다. 적어도, 정신에 영향을 주는 약물이라는 말에 구체적으로 어떤 것들을 포함할지 명확히 해야 한다(※ **임시조항**).

다른 경우를 생각해보자. 한 정치인이 "국고 확충을 위해서는 납세자들에게 세금을 철저히 재투자해 이득을 주어야 한다. 이를 통해 탈세를 억제해야 한다"라는 말을 했다고 하자. 그러나 세입의 증가보다 투자를 위한 지출 증대가 더 클 수 있다. 세금을 통해 국고를 확충하기 위한 설계가 오히려 반대 상황을 불러오는, 터무니없는 결과가 도출되는 것이다. 이래서는 정치인의 제안이 받아들여질 리가 없다 (이 정책을 시행하려는 유일한 목적이 국고의 확충이었다고 가정한다면 말이다). 만약 세수의 재투자가 좀 더 가벼운 수준으로 제시된다면 그 제안은 터무니없는 결과를 낳지 않는, 실용적인 정책이 될 수 있다.

터무니없는 결과 유도하기를 사용할 때 유의할 점은, 터무니없음에 대한 정확한 기준이 없을 수 있다는 사실이다.

누군가의 터무니없음이 다른 사람에게는 상식일 수 있다. 어떤 관점이 **모순**을 포함한 경우가 아니라면, 그것의 터무니없음을 간명하게 입증하기는 쉽지 않다(※ **울며 겨자 먹기**). 하지만 어떤 입장에서 터무니없는 결과가 유도되는 듯 보인다면, 적어도 자신은 그 관점을 수용하지 말아야 한다.

편견 prejudice

좋은 근거도 없고 찬반 증거에 대한 고려도 없이 지니는 믿음

이 말은 종종 더 넓은 의미로 쓰이는데, 몹시 불쾌한 견해를 뜻할 때가 그렇다. 이때 그 견해를 지닌 사람이 그것을 지지하는 증거를 검토했는지 여부는 고려하지 않는다. 그렇지만 이 용어를 그런 식으로 사용하는 것은 본래 의미가 희석된 것이다.

예를 들어 폭행 사건의 피고인이 과거에 경찰을 폭행한 적이 있다는 사실을 판사가 알고 있다면, 판사는 동일인이 같은 종류의 폭행 사건으로 기소되어 자기 앞에 왔을 때 공정하게 듣지 않을 것이다. 판사는 속으로 피고인이 유죄라고 이미 판단을 마쳤을 수도 있다. 어떤 고용주는 일과 관련된 기준이 아닌데도 단지 같은 대학을 나왔다는 이유로 특정 지원자에게 호감을 품을 수도 있다. 달리 말해 고용주는 관련 있는 증거를 검토하기 전에 그 지원자가 일에 적합하다는 판단을 이미 내린 것이다. 또 한 학생이 밀린 방세를 내지 않고 떠나버렸다면, 집주인은 이후 모든 학생들에게

편견이 생길 수도 있다. 이 경우에는 성별이나 직업에 대한 편견과 마찬가지로, 집단 내에 중요한 동질성이 없음이 분명한데도 그 집단 전체가 동일한 특성을 공유하기라도 하는 듯이 대하는 것이다(※ **성급한 일반화**).

비판적 사고는 편견에 반대한다. 사실 우리는 다양한 사안에 대해 수많은 편견을 갖지만, 어떤 주제에 대해 양쪽에 제시되는 증거나 논증을 살펴보는 것으로 어느 정도는 제거할 수 있다. 인간의 이성은 오류가 생길 수 있으며 우리 대부분이 어떤 믿음들에, 심지어 반대 증거가 숱할 때도 매달리려는 의욕으로 가득 차 있다(※ **소망적 사고**). 그렇기 때문에 오히려 자신이 품을 수 있는 편견에 대해 작은 의심을 하는 일만으로도 주변 세상을 더 낫게 만들어갈 수 있을 것이다.

편향 bias

※ **기득권; 편견**

포괄적인 진술 sweeping statement

※ **성급한 일반화**

피장파장 tu quoque

※ '당신도 마찬가지입니다'

필요충분조건 necessary and sufficient conditions

명제의 성립을 위한 전제조건인 동시에, 충족될 경우 명제에서 문제되는 것은 무엇이든 만족된다고 보장하는 조건

필요조건은 일종의 전제조건이다. 예를 들어 글을 읽을 줄 안다는 것은 이 책을 이해하는 데 필요조건이다. 그렇지만 글을 읽을 줄 알더라도 책의 내용이 너무 추상적이어서 이해하지 못할 수도 있기 때문에 충분조건이 되지는 못한다. 즉, 글을 읽을 줄 안다는 점이 책의 내용을 이해할 수 있음을 보장하지 못한다는 것이고, 글을 읽을 줄 모른다면 단연코 이해할 수 없다는 것이다. 충분조건은 그것이 충족될 경우 문제되고 있는 것은 무엇이든 만족된다고 보장하는 것을 말한다. 예를 들어 그린카드를 소지하는 것은 미국에서 합법적으로 일을 할 수 있는 충분조건이다(이는 필요조건이 되지는 않는다. 미국 시민권자는 합법적으로 일을 할 때 그린카드가 필요하지 않기 때문이다. 달리 말해, 미국 시민권을 지니는 것은 미국에서 합법적으로 일을 하는 것에 대한 또 다른 충분조건이다).

몇몇 철학자들은 무언가가 예술작품이 되기 위한 필요조건으로 그것이 인공물이어야 한다고 주장했다. 그러나 인

공물임이 예술작품이 되기 위한 충분조건이 되지는 못할 것이다. 길가의 보도블록이나 도서관의 형광등 같은 수많은 인공물이 예술작품이 아님은 아주 분명하기 때문이다. 어떤 철학자들은, 예술관에 전시되고 미적 평가를 받는 것이야말로 예술작품이 되기 위한 충분조건이라고 주장했다. 이 견해에서는 이런 식으로 다루어지는 것이라면 무엇이든 틀림없이 예술작품이다(※ **가족 유사성 용어; 소크라테스적 오류**).

한통속으로 몰아가기 companions in guilt move
지금 문제가 되고 있는 상황이 유일한 것이 아님을 보여주는 것

상대방이 주장하는 바에 일관성이 요구된다면 그가 원치 않을 다른 경우에도 동일한 원리가 적용되어야 함을 보여줌으로써 상대의 논증을 약화하는 방식이다(※ **일관성**). 이런 지적을 받고도 원래 결론을 계속 옹호하려 한다면 그 다른 경우도 똑같은 방식으로 다루어야 한다고 인정하거나(※ **울며 겨자 먹기**), 아니면 그 다른 경우가 이 경우와 관련된 특성을 공유하는 듯 보여도 사실은 다르다는 것을 설명해야 한다.

예를 들어 당신이 프로 복싱은 심각한 부상이나 심지어 사망 사고가 발생하기 때문에 금지되어야 한다고 주장한다면, 반대자들은 복싱에서만 일어나는 일이 아니라고 지적할 것이다. 모터사이클이나 크리켓, 럭비, 가라데, 파워보트 레이싱 등의 종목에서도 종종 심각한 부상이 발생하며, 몇몇 종목에서는 경기 도중 사망 사고가 일어나기도 했다. 그런 측면에서 복싱에 대해 한통속으로 몰아가기라고 할 수

있다. 당신이 일관성을 지니려면 앞의 다른 스포츠들에 대해서도 동일한 입장을 취하거나, 그것들이 복싱과 관련성 있는 측면에서 어떻게 다른지 설명해야 한다. 물론 복싱이 다른 스포츠들과 구별되는 이유들이 있을 것이다. 그중 한 가지는 그것이 상대방에게 실제적인 물리적 피해를 주는 것을 주요 목표로 삼는 몇 안 되는 종목 중 하나라는 점이다. 이처럼 한통속으로 몰아가기는 상대로 하여금 사안에서 무엇을 중점적으로 논하려 하는지 명확히 드러내도록 만든다.

또 다른 예는 죄를 지었다는 점에서 한통속으로 몰아가는 예다.[*] 예수는 군중들이 간통한 여인에게 돌을 던지는 것을 막기 위해 그들 중 죄 없는 자가 먼저 돌을 던지라고 말했다. 이는 만약 여인에게 죄가 있다고 한들, 당신들도 마찬가지로 그렇다고 말하는 것이다. 그러나 여인에게 돌을 던지려는 사람들이 저지른 죄는 여인이 저지른 죄와 전혀 다른 종류일 수 있으며(아마 행동의 죄가 아니라 생각의 죄일 수도 있다), 그들은 자신들의 죄보다 여인의 죄가 중하다고 말할 수도 있다(그런 이유로 돌팔매라는 잔인한 관행이 결정적으로 정당화되는 것은 아니지만).

한통속으로 몰아가기가 사용될 때는 그 의도가 미심쩍을 때도 있다. 대표적으로 남들도 그렇게 한다는 이유만으

---

* '한통속으로 몰아가기'의 영어 표현인 'companions in guilt'를 문자 그대로 해석하면 '죄를 지었다는 점에서 그 놈이 그 놈'이라는 뜻이다.

로 자신의 나쁜 행동을 옹호하는 경우다(※ '다들 그렇게 합니다').

함축된 implicit

※ 가정; 생략추리법

함축하다/추론하다 imply/infer

종종 동의어로 사용되지만 정확한 의미는 다르다. 전제가 논리적으로 결론을 도출해낸다면 전제는 결론을 함축하는 것이다. 그러나 전제는 결코 무엇인가를 추론할 수 없다. 무언가를 추론하는 행위는 사람을 주어로 삼아야 한다. 예를 들어 나는 그 사람이 여성이고, 모든 여성은 언젠가 죽는다는 사실로부터 그가 언젠가 죽을 것이라고 추론할 수 있다. 여기서 "모든 여성은 언젠가 죽는다"와 "그는 여성이다"라는 전제들은 그 결론을 함축하고 있다. 그리고 나는 결론을 추론한다.

이 용어들이 정확히 똑같은 것을 뜻한다고 생각하는 경향은 '논박하다'와 '부정하다'를 바꿔 쓰는 관행과 비슷하다(※ 논박).

합리화 rationalisation

그럴듯하지만 사실은 아닌 자기변호를 만들어 특정 방식으로 행동하는 진짜 이유를 숨기는 것(※ 소망적 사고)

극단적인 경우에는 합리화하는 자신마저 그 자신이 만들어 낸 합리화를 사실로 믿기도 한다. 예를 들어 누군가가 길에서 값비싼 시계를 발견하고 주머니에 넣었다고 하자. 그는 '이게 잘못된 행동이란 건 알지만, 내가 갖지 않아도 어차피 다른 사람이 가져갈 거야. 그리고 내가 이걸 경찰에게 갖다 줘도 귀찮아서 찾으러 오지 않을 테고. 그렇다면 경찰에게 주는 건 모두의 시간 낭비일 뿐이야'(※ '다들 그렇게 합니다') 라고 생각했다. 지나가던 사람들이 그 상황을 보았다면 그의 동기는 처음부터 시계를 갖기 위해서였다고 볼 것이다. 하지만 합리화의 내용은 그 행동이 사회적으로 한결 용인 가능한 것처럼 보이도록 꾸민다(※ '그건 내게 어떤 해도 끼치지 않았습니다').

어떤 정부가 어느 먼 나라의 풍부한 광물자원에 관심이 있다고 하자. 그런데 해당 국가에서 내전이 발생한다면 정부는 광물에 대한 권리를 취득할 목적으로 한쪽 편을 지원할 것이다. 이때 겉으로는 인도주의적 관점에서 개입하는 것이라고 표명한다면, 이는 합리화를 펼치는 것이다.

합의 consensus

※ 민주주의의 오류; 합의에 의한 진리

합의에 의한 진리 truth by consensus

일반적으로 합의되었다는 이유만으로 어떤 명제를 진리로 간주하는 것

이런 방법으로 진리를 밝히려 하는 것은 대부분의 사안에서 믿을 만하지 못한 방법이다. 무엇이 진리라는 데 일반적 동의가 이루어졌다는 근거만으로 그것이 정말 진리라는 결론을 도출해낼 수는 없다.

예를 들어 14세기 유럽에서는 세계가 평평하다는 것에 대한 보편적 합의가 있었다. 하지만 그 사실로부터 당시에는 세계가 정말로 평평했다고 말할 수는 없다. 그런 주장은 오직 진리에 대해 극단적으로 상대주의적인 입장을 취할 때만 가능하다. 당대의 전문가가 무엇을 사실이라고 믿는다면, 우리는 그의 믿음을 통해 그것이 진리거나 진리에 근접하다고 믿게 된다(※ 권위에 의한 진실). 하지만 전문가가 믿는다고 해서 진리가 되는 것은 아니며, 그들이 믿는 바가 진리인지는 세상과 맞아떨어지는가에 달려 있다. 특정 영역의 전문가들이 무언가에 대해 동의하게 되었더라도, 그들이 동의한 게 틀림없이 진리라는 결론이 따라 나오는 것은 아니다. 만약 당신이 전문가가 아니라면 전문가가 동의한

견해를 매우 신중하게 다루는 편이 적절할 것이다. 그렇지만 어떤 합의를 이룬 사람들이 전문가가 아니라면, 그리고 그들 중 일부는 문제되는 사안에 대해 아주 조금밖에 모른다면 그들의 합의를 진리의 지시등으로 여길 이유가 전혀 없다.

사람들은 때로 무언가에 아주 쉽게 속는데, 이는 '합의'가 진리의 믿을 만한 지시등이 될 수 없는 이유 중 하나다. 사기꾼이라면 알고 있듯, 인간은 모든 종류의 일에 쉽게 속는다. 더구나 우리 대부분은 여러 종류의 **소망적 사고**에 잘 빠진다. 우리는 우리가 소망하는 것이 사실과 들어맞지 않고, 때로는 우리가 간직한 믿음과 반대되는 증거가 지천에 쌓여 있는데도, 그것이 진리라고 믿는다.

합의가 없을 때, 신뢰성이 훨씬 떨어지는 진리 결정 방법은 단순히 다수 의견에 의존하는 것이다. 대부분의 중요한 문제에서 다수의 의견을 이룬 사람들이 사실은 관련된 지식이 전혀 없는 사람들일 수 있다. 그렇다면, 엉성하게 이루어진 다수의 의견보다 오랜 시간을 들여 이용 가능한 자료를 모은 소수 전문가의 의견을 따르는 게 나을 것이다. 예를 들어 오늘날 세계 인구의 다수가 우리 운명이 점성술로 완전히 결정된다고 믿을 수 있다. 하지만 그 사람들의 대부분이 천문학에 대해 수박 겉핥기식의 지식밖에 없다면, 별의 위치가 우리 행동을 정하는지 여부를 결정할 때 그들의 견해는 거의 중요하지 않다. 결과적으로 누군가가 '이건 보편적으로 받아들여지고 있어' 또는 '대부분의 사람들이 믿는 바에 따르면'과 같은 말로 무언가를 주장한다면, 그 말이 정확히 무엇을 의미하는지 짚고 넘어갈 필요가 있다. 보편적으로 받아들여진다는 게 무엇을 의미하는가? 대부분의 사람들이 믿는다는 이유로 그것이 정말 진리일 것이라고 (물론 그것은 진리로 드러날 수 있다. 하지만 그것을 진리라고 믿는 이유가 오직 다른 많은 사람이 믿는다는 점뿐이라면 만족스러운 정당화라고 볼 수 없다) 결론지어야 하는가?(※ 나쁜 근거의 오류)

하지만 합의에 의한 진리나 다수결에 의한 진리를 공격하는 것을 민주주의적 의사 결정에 대한 공격으로 혼동해서는 안 된다. 다른 대안보다 민주주의적 의사 결정 과정을 흔히 선호하는 이유는 그것이 문제에 대한 정답을 믿을 만하게 주기 때문이 아니라, 다양한 이익집단에게 동등한 참여 기회를 주고, 독재자가 되려는 사람의 권력을 최소화하기 때문이다(※ 민주주의의 오류).

핵심에서 벗어나기 missing the point
※ 무관한 것

허수아비 공격하기 straw man
상대방의 견해를 쉽게 쓰러뜨릴 수 있도록 우스꽝스럽게 만드는 것

허수아비는 연습용 과녁으로 쓰기 위해 짚으로 만든 사람 모형이다. 논증에서 허수아비를 만드는 것은 **악마의 변호인** 역할을 하는 것과 정반대다. 이를 고의적인 계책으로 쓰기도 하는데, 아주 형편없는 **수사법**이다. 사실 그보다는 의견이 첨예하게 갈리는 상대방에게 영리함이나 예민함을 부여하고 싶지 않은 마음이 너무 강한 나머지 발생한 **소망적 사고**가 개입된 경우가 많다. 또 자신의 입장에 대해 너무 자신만만할 때는, 반대 관점이 실은 상당히 복잡하고 쉽게 공격할 수 없는 것인데도 쉬운 상대로 여기게 된다.

예를 들어 동물원의 장단점에 대한 논쟁에서 누군가가 동물원은 멸종위기에 놓인 생물 종을 보호하는 중요한 역할을 수행한다는 주장을 펼쳤다고 하자. 그러자 동물원에 반대하는 사람이, 이 주장을 마치 멸종위기에 놓인 동물만 동물원에서 사육한다는 주장처럼 오도한다면 어떨까? 그런 주장이면 멸종위기가 아닌 종의 동물은 풀어주어야 한다는 것을 함축하기 때문에 동물원 옹호자의 관점이 터무니없는 것처럼 보이게 된다. 분명 옹호자는 동물원 옹호로 가능한 것 중 한 가지를 제시했을 뿐, 멸종위기 동물 보호가 유일한 옹호는 아니다. 결국 반대자는 옹호자의 주장을 잘못 표현해 공격하기 쉬운 상대로 만든 것이다.

존슨 박사는 큰 돌을 발로 차며 "나는 이렇게 반박해주

지!"라고 말함으로써 버클리George Berkele의 관념론(지각되지 않는 물리적 대상이 계속 존재한다고 확신할 수 없다는 주장. 계속 존재하기 위해서는 신이 계속 지각하고 있다는 가설을 세워야 한다)을 공격한 것으로 유명하다. 존슨 박사의 요점은 이렇듯 단단한 것이 정말 관념으로만 이루어졌다고 믿을 수는 없다는 것이다. 하지만 존슨 박사가 정말로 버클리의 관념론은 자신의 발로 단단한 돌을 찼다는 사실에 대해 설명할 수 없으리라고 생각했다면, 이는 잘못된 생각이다. 버클리의 견해는 우스꽝스러워졌을 때만 공격받을 수 있다. 존슨 박사는 허수아비를 공격한 것이다. 이런 식으로 쉬운 상대를 설정하고 넘어뜨리고 싶은 유혹이 가끔 있지만, 그런 행위는 비판적 사고에서 설 자리가 없다.

험프티덤프팅 humptydumptying
일상적으로 사용되는 어휘에 개인적 의미를 부여하는 것

루이스 캐럴Lewis Carroll의 소설 《거울 나라의 앨리스》에 등장하는 캐릭터 '험프티 덤프티'에서 유래했다. 앨리스가 험프티 덤프티에게 '영광'의 뜻을 묻자 그는 "내게 그 단어는 '너에 대한 멋진 녹다운 논증이 있다!'는 뜻이야"라고 답한다. 앨리스는 그건 '영광'의 의미가 아니라고 반박한다. 그러자 험프티 덤프티는 "내가 말을 할 땐 오직 내가 바라는 대로 의미하는 거야"라고 말하며 빈정댄다.

이는 이상한 형태의 **약정적 정의**지만, 험프티덤프팅인 것이 눈에 잘 띄지 않는 경우에는 혼란이나 오해를 일으킬 수 있다. 어휘가 어떤 의미로 사용되는지 정확히 드러나지 않을 때는 더욱 그렇다. 예를 들어 '빈곤'에 대한 논쟁에서 누군가가 최빈곤층의 생활환경에 대해 알고도 우리나라에는 빈곤이 없다고 주장한다면, 그는 험프티덤프팅을 하며 '빈곤'이라는 말을 일반적 의미와는 다르게 사용하고 있음이 분명하다.

다른 예로, 누군가가 잔악한 암흑가의 킬러를 추종하며 그를 '진짜 사나이'라고 부른다면 이 또한 험프티덤프팅일 수밖에 없다. 그는 '진짜 사나이'라는 말을 납치해, 일반적으로 의미하는 것과는 상당히 다른 것을 뜻하도록 사용하고 있다.

'험프티덤프팅'은 약정적 정의의 극단적 형태로서 일상용어를 기이하게 쓰는 일이다. 즉, 누군가의 말에 대해 험프티덤프팅이라고 말한다면 여기에는 그 말이 혼란을 일으킨다는 비난이 담겨 있다. 어휘는 일반적인 의미가 있으며, 그에 따라 혼동이나 **애매함**을 일으키지 않는 쪽으로 사용되어야 한다(※ **부적절한 은어**).

현학 衒學, pedantry

때로는 중요한 문제를 도외시하면서까지 세세한 내용에 까탈스럽고 부적절하게 집착하는 것

대개 비난하는 의미로 쓰인다. 예컨대 이 책을 현학적으로 읽는 사람은 각 항목의 첫 문장에 술어가 없는 것을 두고 문법적 엄밀성을 기하지 않았다고 지적할 수 있다. 하지만 용어 정의를 제시할 때 모든 문장 성분을 갖춘 완전한 문장으로 만들었다면 그만큼 명료성과 간결성을 포기해야 했을 것이다. 문법적인 올바름보다 명료성과 간결성이 이 책의 목적을 달성하는 데 핵심적이다. 더구나 각 항목을 이런 식으로 시작한 것은 나도 모르게 문법 규칙을 어긴 것이 아니며 의도적인 것이다. 이런 사정을 모르고 책의 이런 측면에 초점을 맞추는 것은 현학에 불과하며, 완전히 부적절한 것이다. 어떤 규칙들, 특히 문법이나 통사론을 맹종하는 것은 그야말로 현학의 전형이다. 모든 규칙들을 무시해도 좋다고 말하는 것은 아니다. 다만 규칙에 완고하게 붙들려서 글을 쓰는 목적이 방해받을 정도가 된다면 그 목적을 위해 규칙을 깰 줄도 알아야 한다는 것이다.

공원 관리인이 현학적 태도를 취한다면 "잔디밭을 걷지 마시오"라는 문구를 "잔디밭에 들어가지 마시오"로 바꾸고 싶어 할 것이다. 원래 문구는 잔디밭에서 춤을 추거나 뛰거나 기어가는 행위는 명시적으로 금하지 않기 때문이다. 구절이 지닐 수 있는 애매함에 대해 이런 식으로 현학을 보이

는 것은(여기서 **애매함**은 '걷지 마시오'의 정확한 의미에 대한 것이다) 현학자의 전형적인 모습이다. 현학자 대부분은 발화의 맥락에 둔감하고, 그래서 혼동의 가능성이 없는데도 굳이 찾아내는 것이다.

현학이라는 비난은 **수사법**의 형태로 쓰일 수 있다. 자신의 주장을 다른 사람에게 설득하려는 의도가 있다면 어떤 비판이든 현학이라고 치부할 수 있다. 다른 사람의 추론이나 증거에서 세세한 잘못을 지적한다면, 현학자라고 불공정한 비판을 받을 수 있다. 실제로 비판적 사고에 열심인 사람이 이런 비난을 자주 듣는다. 이런 비난에 응답하는 가장 효율적인 방법은, 특정한 경우에는 세세한 것에 주의를 기울이는 게 적절하고 관련이 있다고 증명하는 것이다. 그러나 유감스럽게도 현학과, 적절하면서 칭찬받을 만한 관심을 구분해주는 단순한 규칙은 없다. 다만 특정 맥락에 적절한 심사 기준을 세울 수 있는 예민함이 요구된다.

형식적 오류 formal fallacy

전제가 참이더라도 결론이 필연적으로 참이 되지는 않는, 부당한 논증 형식 (※ 무관한 추론)

타당한 논증과 달리(※ **타당성**), 형식적 오류를 포함한 논증은 진리 보존적이지 않다. 전제가 참이더라도 그 논리 구조상 참인 결론이 도출되리라는 보장이 없는 것이다. 만약 결

론이 참인 것으로 드러나더라도 신뢰성 있는 과정을 거쳐
도달되었다고 볼 수 없다. 친숙한 마녀 사냥을 형식적 오류
의 사례로 들 수 있다. 예를 들어 누군가가 다음과 같이 주
장했다고 해보자.

모든 마녀는 검은 고양이를 기른다.
내 이웃은 검은 고양이를 기른다.
따라서 내 이웃은 마녀다.

이 논증은 그 구조가 부당하기 때문에 잘못된 추론이다. 이
웃이 검은 고양이를 기른다고 할 때, 첫 번째 전제가 참이더
라도 그로부터 이웃이 마녀라는 결론을 논리적으로 도출해
낼 수는 없다. 첫 번째 전제가 검은 고양이를 기르는 모든
사람에 대해 마녀라고 하는 것은 아니기 때문이다. 모든 마
녀가 검은 고양이를 기른다는 것은 전혀 다른 개념이다. 주
어진 결론이 전제로부터 도출되게 하려면 첫 번째 전제에
"그리고 오직 마녀만이 검은 고양이를 기른다"라는 내용이
추가되어야 한다. 그렇지 않을 경우 검은 고양이를 기르는
사람이 마녀가 아닐 여지가 생기고, 이에 따라 화자의 이웃
이 마녀가 아닐 가능성도 생기는 것이다. 이런 식으로 상세
히 설명했을 때 무엇이 잘못되었는지를 발견하기가 상대적
으로 쉽지만, 이 오류를 저지르는 논증은 얼핏 볼 때 여전
히 속아 넘어갈 수 있다. '오류'라는 말은 잘못된 논증이라
면 어떤 것이든 가리키는 식으로 다소 느슨하게 쓰일 수 있

231

다(※ '그건 오류입니다'; 비형식적 오류).

혼합 질문 compound questions
복합 질문과 같은 뜻

후건 consequent
'만약 p면 q다'에서 뒷부분(※ 조건문)

예컨대 "만약 당신이 컴퓨터 스크린 앞에서 많은 시간을 보낸다면 당신의 눈은 피로해질 것이다"라는 문장에서 후건은 "당신의 눈은 피로해질 것이다"이다(※ **전건; 전건긍정; 전건부정; 후건긍정; 후건부정**).

후건긍정 affirming the consequent
'만약 p면 q다/ q다/ 따라서 p다'의 형식을 지닌, 겉으로는 타당한 논증 구조처럼 보이는 형식적 오류 중 하나(※ 타당성)

예를 들어 다음은 두 논증들은 후건긍정의 형식을 띠고 있다.

만약 당신이 그린카드를 지녔다면 미국에서 합법적으로
일할 수 있다.

당신은 미국에서 합법적으로 일할 수 있다.

따라서 당신은 그린카드를 지닌 것이다.

연료가 떨어지면 차가 멈출 것이다.

차가 멈췄다.

따라서 연료가 떨어진 것이다.

동일한 형식의 예를 조금 더 살펴보면 이런 형식의 논증이
왜 잘못되었는지 쉽게 알아챌 수 있다.

만약 그녀가 나를 몰래 사랑하지만 남자친구에게 들키고
싶지 않다면 내 편지에 답하지 않을 것이다.

그녀가 내 편지에 답하지 않았다.

그렇다면 그녀는 나를 몰래 사랑하지만 남자친구에게 들
키고 싶지 않은 것이다.

이 논증의 문제는, 제시된 두 **전제**가 모두 참일 때도 결론은
필연적으로 참이 아닐 수 있다는 점이다. 제시된 결론은 참
일 수도 있고 그렇지 않을 수도 있다. 즉, 이는 믿을 만한 **연
역법**이 아니다. 그 결론은 필연적으로 도출되는 것이 아니라
무관한 추론이다. '그녀가 나를 몰래 사랑하지만 남자친구에
게 들키고 싶어 하지 않는 것'은 '내 편지에 답하지 않는 것'

233

의 **충분조건**이기는 하다(※ **필요충분조건**). 그러나 첫 번째 전제에서 '나를 몰래 사랑하지만 남자친구에게 들키고 싶지 않다'는 것이 '그녀가 내 편지에 답을 하지 않은' 사실을 설명할 수 있는 유일한 이유가 아님은 너무도 명확하다. 이 논증이 타당하려면, '만약'이 '만약 …라면, 그리고 그럴 때만if and only if'(논리학자들은 줄여서 **iff**라고 쓴다)의 의미여야 한다. 그러나 첫 번째 전제에서 말하는 것만이 '그녀의 무응답'에 대한 유일한 설명이라고 믿는 것은, 대부분의 상황에서 오해거나 **소망적 사고**다. 그녀의 침묵에 대해 다른 많은 **대안적 설명**이 가능하기 때문이다. 그녀는 내 편지 때문에 짜증이 났을 수도 있고, 내 마음을 북돋우고 싶지 않았을 수도 있으며, 어쩌면 내 편지를 아예 열어보지 않았을 수도 있다. "그녀가 나를 몰래 사랑하지만 남자친구에게 들키고 싶지 않다면 내 편지에 답하지 않을 것이다"와 "그녀가 내게 답하지 않는다고 해서 그녀가 나를 사랑한다는 의미가 되는 것은 아니다"를 동시에 믿는다고 해서 비일관적인 것은 전혀 없다(※ **일관성**).

다른 예를 살펴보자. 에이즈에 걸린 사람은 감기에 걸리기 쉽고, 종종 식은땀을 흘린다. 그러나 당신이 감기에 자주 걸리고 종종 식은땀을 흘리더라도 그 이유만으로 당신이 에이즈 환자임이 분명하다고 말하는 것은 잘못이다. 이는 당신의 증상에 대한 하나의 가능한 설명일 뿐이다. "만약 당신이 에이즈에 걸렸다면 감기에 쉽게 걸리고 종종 식은땀을 흘릴 것이다"라는 전제로부터 "그러한 증상을 지닌 사람은 모두 에이즈 환자가 틀림없다"라는 결론을 논리적으로 끌어낼 수는 없다. 그런 결론은 "오직 에이즈 환자만이 감기에 걸리기 쉽고 종종 식은땀을 흘린다"라고 믿을 때만 가능하다. 물론 그 내용은 사실이 아니다.

과장된 예를 살펴보면 이런 형식의 논증이 믿을 만하지 못하다는 사실을 이해하는 데 도움이 될 것이다. 만약 내가 새 차를 샀다면 은행에서 어마어마한 돈을 인출했을 것임은 의심할 수 없는 사실이다. 마침 나는 은행에서 큰돈을 인출했다. 그러나 이런 현상에 대해서는 수많은 대안적 설명이 존재한다. 출판사에서 지급되는 인세가 내 방탕한 삶을 유지하기에는 부족했기 때문일 수도 있다. 결국 내가 초과 인출을 했다는 사실만으로 새 차를 샀다는 결론을 내릴 수는 없다는 뜻이다. 그것은 분명 터무니없다. 논증이 부당한 형식이라는 것을 보여주려 할 때, 형식은 같지만 명백하게 터무니없는 논증을 살펴보는 기술이 유용하다. 이는 기본적인 논증의 구조를 분석할 때, 어떤 사례의 특정 내용 때문에 생길 수 있는 혼란을 방지할 수 있게 한다. 그리고 어떤 논증에서 그 형식이 부당하다면, 참인 결론이 나왔더라도 그 결론은 전제로부터 논리적으로 도출된 것이 아니기 때문에 그 논증을 신뢰해서는 안 된다(※ **나쁜 근거의 오류**).

후건긍정의 오류에 속아 넘어갈 수 있는 한 가지 이유는 다음처럼 타당한 논증의 하나인 **전건긍정**과 얼핏 유사해 보이기 때문이다.

만약 p면 q다.
p다.
그러므로 q다.

예를 들어,

만약 당신이 아기에게 수유한 후 트림을 시키면, 아기는 잘
잘 것이다.
당신은 아기에게 수유하고 트림을 시켰다.
따라서 아기는 잘 잘 것이다.

앞의 논증에서는 두 전제가 참이면서 결론은 반드시 참이
다. 그러나 다음은 잘못된 논증이다.

만약 당신이 아기에게 수유한 후 트림을 시키면, 아기는 잘
잘 것이다.
당신의 아기는 잘 자고 있다.
따라서 당신은 아기에게 수유하고 트림을 시킨 것이다.

앞의 예시들에서 보았듯이, 후건긍정에서는 전제들이 참이
라고 해서 결론이 반드시 참이 되는 것은 아니다. 이런 오류
는 대개 쉽게 식별할 수 있지만, 전제 중 일부가 진술되지
않고 암묵적으로 나와 있다면 잘못을 파악하기 어려울 수
도 있다.

후건부정 denying the consequent

'만약 p면 q다/ q가 아니다/ 그렇다면 p가 아니다'의 형식을 지닌 타당한 논증
(※ 타당성)

이런 형식의 논증은 흔히 라틴어로 '모두스 톨렌스modus
tollens'라고도 한다.

> 만약 비가 내리면 당신은 젖는다.
> 당신은 젖지 않았다.
> 따라서 비가 내리지 않은 것이다.

흑백논리 black-and-white thinking

실제로는 취할 수 있는 입장이 다양한데도 모든 개별적인 경우를 양극단으로
만 분류하는 것

잘못된 이분법의 하나다. 세상만사를 아주 단순한 통념에 억
지로 끼워 맞추려 하는 것이다. 예를 들어 모든 사람을 둘
중 하나로, 즉 완전히 미친 사람 아니면 제정신인 사람으로
나누는 것은 둘 사이에 다른 많은 경우가 있을 수 있다는
사실을 무시하는 흑백논리다. 정신이상을 양자택일의 현상
으로 다루려는 시도는 현실을 심각하게 왜곡하는 것이다.
삶의 많은 영역에서 우리는 하나의 연속체 위에 흩어져 있
기 마련이다(우리가 그 연속체 위에서 어디에 있느냐는 일생 동안

결코 고정되지 않겠지만). 마찬가지로, 모든 사람을 술을 전혀 안 마시는 사람과 알코올 중독자로 나누려 한다면 이 또한 흑백논리에 근거한 명백히 잘못된 이분법을 만드는 것이다 (**※ 선 긋기**).

흑백논리가 항상 부적절하다는 뜻은 아니다. 어떤 경우에는 채택될 수 있는 입장이 정말로 두 가지뿐일 때도 있다. 예를 들어 선다형 수학 시험 문제에서 학생들의 답이 정답과 오답으로 명확히 나뉘지 않거나, 달리기에서 100미터를 15초 내에 뛴 사람과 뛰지 못한 사람을 나누지 못한다면, 이는 매우 비상식적이다. 이 두 사례에서는 각각의 두 극단만이 취해질 수 있는 입장의 전부다. 그러나 중간적인 입장이 존재하는데도 흑백논리를 취한다면 지나친 단순화다. 때로 이는 단순화를 넘어 **수사법**의 형태가 되기도 한다. '우리 편이 아니면 남의 편'과 같은 태도가 그 예다. 화자는 청자가 결단을 내려서 현안을 지지하도록 설득하기 위해, 중립을 지키거나 조금만 편을 들 수 있는 가능성을 무시하기 때문이다.

감사의 글

책의 내용에 대해 논평해준 많은 분들에게 깊은 감사를 드린다. 특히 제임스 카르길, 사이먼 크리스마스, 마이클 클라크, 셜리 콜슨, 조너선 호리건, 로빈 르 푸아드뱅, 조너선 로어, 리처드 마스칼, 로테 모츠, 알렉스 오렌슈타인, 톰 스톤햄, 앤 톰슨, 제니퍼 트러스테드, 제이미 화이트, 그리고 익명의 독자 여러분들에게도 감사를 전한다. 또한 나의 아내 애나의 날카로운 비평들로 인해 이 책이 한결 나은 모습으로 선보일 수 있었음을 밝힌다.

나이절 워버턴

(www.virtualphilosopher.com)